BARBARA J. ZITWER

IL PENSIERO COREANO

TRADIZIONI E STORIA DELLA RUGGENTE TIGRE ASIATICA

GIUNTI

Questo libro è dedicato a tutti gli scrittori coreani che rappresento e che generosamente hanno condiviso i loro libri e il loro Paese con me.
E a tutti i grandi traduttori che ci hanno permesso di leggere questi libri straordinari.

INDICE

Nota dell'autrice
In questo libro, la parola *Corea* si riferisce alla Corea del Sud.

INTRODUZIONE

Benvenuti in Corea
한국에 오신 것을 환영합니다
Hangoogeh ohshin geuseol hwanyounghapnidah

Sono arrivata in Corea per una stranezza del destino. Ventidue anni fa ho fondato la mia agenzia letteraria a New York. Scoprire nuovi autori era la mia passione. Così ho costruito il mio lavoro e la mia reputazione.

Tuttavia, dopo dodici anni iniziai a far fatica a trovare degli autori che mi appassionassero veramente – e passione e amore sono le sole cose che mi guidano.

Quella primavera, il mio co-agente coreano Joseph Lee venne a New York e ci incontrammo per la prima volta a cena. Lo trovo un uomo affascinante e affettuoso, dotato della capacità di comprendere a fondo la letteratura occidentale.

In un ristorante italiano, davanti a un piatto di pasta e a due bicchieri di vino rosso, gli chiesi impulsivamente: «Non hai qualche nuovo giovanissimo scrittore che posso rappresentare?».

Per un attimo mi guardò con aria interrogativa, poi sorrise. «Certo, parecchi!», rispose.

Venne fuori che nessuno, prima, gli aveva posto quella domanda. Aveva passato anni a vendere libri internazionali in Corea, ma mai libri coreani all'estero.

Mi parlò di un giovane autore, Young-ha Kim, e del suo libro *Ho il diritto di distruggermi*. Il titolo mi colpì immediatamente. Chiamò l'autore lì, davanti a me, e in pochi minuti gli stavo già parlando. Fu il primo libro coreano che vendetti.

Quella cena cambiò la mia vita.

Poi, quando nel 2009 una ventina di pagine della traduzione inglese di *Prenditi cura di lei* dell'autrice coreana Kyung-sook Shin atterrarono sulla mia scrivania, ci vidi un potenziale enorme.

Il suo eccezionale romanzo su una madre trascurata, oggi venduto in trentacinque Paesi e vincitore del Man Asian Literary Prize nel 2011, non somigliava a niente di ciò che conoscessi: la storia di una madre prepotentemente emotiva e tuttavia anaffettiva, raccontata dal punto di vista dei suoi figli e di suo marito. La scoperta era elettrizzante.

Il libro di Shin fu l'inizio di tutto. Diventato bestseller del *New York Times*, *Prenditi cura di lei* convinse gli editori internazionali che il pubblico era pronto per gli scrittori coreani. Per me, il romanzo di Shin fu anche la tana del Bianconiglio che mi portò ad altra letteratura coreana – nella quale mi tuffai felicemente. Ero particolarmente affascinata dai libri di scrittrici coreane, le cui storie erano originali spaccati della repressione, dell'isolamento e dell'alienazione delle donne.

Quelli erano libri che volevo rappresentare. Tuttavia ci fu resistenza, almeno inizialmente.

«Che ti prende, con tutti quei libri coreani di cui nessuno ha sentito parlare?», mi chiedevano gli editori, costantemente. Non erano mai entrati in contatto con la letteratura coreana e pensavano che io fossi un po' svitata. Quando si parla di Corea, le persone pensano alla Corea del Nord, alle sue minacce di guerra nucleare e al dittatore con i capelli neri luccicanti dal taglio a scodella e la pancia prominente.

Io però avevo trovato non solo un lavoro, ma una vera e propria causa. Sono fiera di dire che aiutare gli autori e le autrici coreane a essere pubblicati sul mercato internazionale è diventata la mia ossessione. La mia cliente Han Kang ha vinto nel 2014 l'International Booker Prize con *La vegetariana*, Yun Ko-eun è stata la prima coreana a vincere il CWA Dagger Prize nel 2020 con *The Disaster Tourist*, mentre Hye-young Pyun ha vinto lo Shirley Jackson Prize nel 2017 con *The Hole*.

Mi entusiasmava scoprire nuovi autori oltre a Young-ha Kim: per esempio, Un-su Kim, autore de *I cospiratori*, candidato al Dublin Prize nel 2020, J.M. Lee, autore di *The Investigation* e *Broken Summer* e Bandi, autore di *The Accusation.* Rappresento anche autori LGBTQ e sono sempre alla ricerca delle voci più fresche e uniche.

Oggi i libri coreani che ho scoperto e che ho rappresentato sono stati pubblicati in più di quaranta Paesi, e di molti sono stati anche acquistati i diritti per film e adattamenti televisivi.

Così ho ritrovato la mia passione di agente letteraria e non solo: sono stata estremamente onorata per il conferimento da parte del Ministro coreano della Cultura nel 2016 di un premio per il mio lavoro, seguito dal premio London Book Fair Global Rights 365 Literary Agent nel 2017. C'è un premio più grande però che ricevo quotidianamente: quando i libri dei miei autori arrivano tradotti in ufficio. Amo quella sensazione di entusiasmo e sorpresa nell'aprire un pacco speditomi dall'altra parte del mondo e nel trovarvi un nuovo libro – i miei scaffali sono stipati da una parete all'altra di tutte le edizioni straniere. La letteratura coreana non è più qualcosa di sconosciuto e strano: ho appurato che è vibrante, molteplice e profonda come quella inglese, o scandinava, spagnola o italiana. Sono sicura che presto un'opera coreana vincerà il Nobel per la letteratura.

Dopo il mio primo anno come rappresentante di autori coreani, la Corea stessa ha iniziato a chiamarmi. Il primo viaggio mi ha aperto gli occhi, la mente e il cuore sui paesaggi e sulle persone più affascinanti, belli e stimolanti che io avessi mai potuto immaginare. Mi sentivo come Indiana Jones – avevo trovato l'Arca perduta! Non c'erano altri americani, né inglesi, né europei, né turisti. Ero l'unica bionda in un mare di coreani dai capelli scuri e tuttavia mi sentivo come a casa.

Non dimenticherò mai il mio primo ritiro in solitaria in un tempio buddista, sulle montagne vicino Incheon. Rappresenta tutto ciò che mi ha fatto innamorare della Corea. Al tempo, ero molto in ansia per i problemi di salute di mio marito e per il trapianto salvavita di cui aveva bisogno. Ho bevuto il tè con un monaco buddista e lui, alla vista delle mie lacrime, mi ha guardato dritta negli occhi e mi ha detto: «Ora siamo felici». Lo ha detto con fermezza, con così tanta fermezza che in effetti sono passata dalle lacrime al riso in un secondo.

«Ora siamo felici» è stata la base della mia trasformazione spirituale e mentale negli anni. Ho imparato ad apprezzare la natura, la semplicità e l'essere incondizionatamente di supporto. Ho imparato che il dolore, per quanto profondo e continuo, è parte della vita ma può essere attenuato e poi trasformato in motivazione e serenità. Ma soprattutto, ho scoperto un nuovo senso di felicità e di energia.

«Ora siamo felici» è una scelta che possiamo fare nonostante le circostanze ed è diventato il mio mantra.

La Corea mi ha chiamata a sé più volte, e ogni volta ho scoperto e vissuto nuove meraviglie, mi sono fatta dei nuovi amici e ho approfondito il mio rapporto con il Paese e con me stessa. Sono stata estremamente fortunata nell'avere la mia amica e autrice Kyung-sook Shin, che mi ha portata in posti in cui i turisti raramente si recano: destinazioni che ora posso condividere con voi. Ogni viaggio e ogni incontro con la Corea hanno cambiato positivamente la mia vita e spero che leggerne possa avere un effetto positivo anche su di voi.

La Corea è un miracolo, e non uso questa parola con leggerezza. È conosciuta infatti come «il miracolo sul fiume Han» per la sua incredibile trasformazione da una delle più povere a una delle più ricche nazioni del mondo. La sua storia nell'ultimo secolo è stata segnata da molti conflitti e molta sofferenza, a partire dall'occupazione giapponese del 1910 fino alla spartizione del 1945, dalla guerra di Corea del 1950 all'attuale Zdm (Zona demilitarizzata) che delinea il confine tra Nord e Sud.

A metà degli anni Cinquanta, il Paese era tra i più poveri del mondo e la sua economia era prevalentemente agricola. Ma negli ultimi settant'anni la Corea si è ricostruita dalle fondamenta grazie alla combinazione di riforme governative, di un sistema educativo di alta qualità e di una forza lavoro impegnata e laboriosa. Le sue industrie automobilistiche, di trasporti, tecnologiche e sì, anche di musica pop, l'hanno trasformata in una delle economie «tigri» dell'Asia e nella decima economia mondiale.

Oltre a essere una potenza economica, la Corea possiede quello che a Hollywood chiamano il fattore «it». Oggi la cultura coreana è sulla bocca di tutti, grazie a libri e film premiati, alla televisione e alla musica. Che siate a Londra, New York, Stoccolma o Tokyo, se conoscete i BTS o le Blackpink, o se avete visto *Squid Game* o *Parasite* il motivo è uno solo. State vivendo l'*Hallyu*, l'onda coreana.

L'etica del lavoro e la forza d'animo del popolo coreano sono una fonte d'ispirazione. Ho tuttavia imparato, come farete anche voi, che questi progressi e risultati sono dovuti anche a qualcosa che va oltre il duro lavoro e l'orgoglio nazionale, a un segreto che giace in profondità da secoli.

L'anima della Corea e il segreto del suo successo e della felicità dei coreani risiedono in due cose: primo, nella devozione ai valori confuciani della famiglia, dell'armonia comunitaria, del rituale; secondo, nelle filosofie coreane di *Han*, *Heung* e *Jeong* – determinazione, gioia e lealtà. Queste filosofie, a cui spesso si fa riferimento nelle storie tradizionali coreane, nei poemi e nella musica, costituiscono il Dna della vita coreana.

Han celebra la determinazione, la riverenza per lo sforzo e la perseveranza, insieme a un sentimento di malinconia derivante da una storia di occupazione, guerra e separazione tra Nord e Sud. I coreani riconoscono che la vita può essere accompagnata da profonde lotte personali e nazionali, e che il dolore deve essere accettato. Un amico coreano lo riassume in questo modo: «*Han* non è solo un sentimento di dolore e sofferenza, è l'energia che ha spinto la Corea in avanti, e in questo senso è stato positivo. Ci ha trasformati».

Heung è quell'incredibile sensazione di gioia che si prova quando si riunisce la famiglia, quando si è nella natura, quando si gusta una tazza di tè agli aghi di pino o si legge un buon libro.

Jeong è l'arte di donare senza aspettarsi nulla in cambio, di dare priorità al benessere della famiglia, degli amici, della comunità e del Paese, oltre che al proprio. È la lealtà. *Jeong* è il filo invisibile che ci lega e unisce tutti.

Attraverso queste pagine vi invito a fare un viaggio con me per immergervi nella maestosità e nello splendore di un Paese forgiato dalla determinazione, dalla gioia e dalla lealtà. Viaggeremo dalla pulsante Seoul, la capitale, alle montagne dove incontreremo le monache buddiste; cammineremo attraverso i tunnel delle spie nella Zdm e poi esploreremo l'isola tropicale di Jeju, patria delle ottantenni subacquee *Haenyeo.* Mangeremo il *kimchi* e la zuppa di pollo al ginseng e celebreremo la famiglia e gli amici.

Amate fare shopping fino allo sfinimento? Vi porterò nei mercati coreani tradizionali dove vi immergerete tra migliaia di tessuti per sceglierne uno e vedere poi un sarto che lo trasforma in un abito, un vestito o una camicia in un giorno solo. E mentre aspettate il vostro outfit fatto a mano, potrete ingannare l'attesa mangiando del delizioso street food: qualsiasi cosa dal pollo fritto, a hamburger di riso e pancakes dolci. Il mio preferito è il *Japchae*, un piatto di vermicelli con verdure.

Sapete canticchiare la hit *Gangnam Style* di Psy, vero? (Potete ammetterlo, va bene). Vi porterò a fare shopping nel quartiere che ha ispirato la canzone, un tale paradiso del lusso che nemmeno Parigi, Londra o New York possono competere, credetemi. Dopo, prenderemo un taxi per andare a Myeongdong e indulgere in un po' di K-beauty riempiendo le borse dei prodotti per la pelle più all'avanguardia, completi e unici al mondo. Qualcuno vuole un siero viso alla lumaca o una crema al veleno d'ape?

Ogni destinazione nuova vi farà imparare cose che spero renderanno la vostra vita più felice e soddisfacente, come è successo a me. Alla fine di ogni capitolo, troverete anche una deliziosa ricetta coreana da cucinare e assaggiare, ricette che i miei amici hanno condiviso con me. Mi auguro che anche voi possiate rimanere incantati dalla bellezza che ho trovato e che possiate tenerla nel cuore.

Godetevi il viaggio!

1

Salutare e comunicare

인사말 그리고 소통

INSAMAL GEURIGO SOTONG

Salutare e comunicare

인사말 그리고 소통

insamal geurigo sotong

Destinazione: Seoul 서울

Benvenuti a Seoul, la città più cool dell'Asia

Seoul è come un mash-up di New York, Hong Kong, Parigi, Londra, Shanghai e Tokyo. È una delle città più moderne del mondo, ma allo stesso tempo è antica. Vanta grattacieli futuristici accanto ad antichi templi buddisti, foreste di insegne al neon, autostrade, sottopassaggi e cavalcavia che sembrano non finire mai, metropolitane silenziose e pulite e oltre dieci milioni di abitanti, dai fabbricanti di caramelle di strada alle star del K-pop più famose del mondo.

Qui mangerete i migliori dumplings della vostra vita, farete shopping come non avete mai fatto prima e imparerete come un massaggio coreano e un trattamento per il viso alla lumaca possono cambiarvi la giornata. Potrete ammirare ambienti naturali splendidi e passeggiare tra i ciliegi in fiore lungo il fiume Han senza mai lasciare la città.

Seoul è una città molto estesa. Si può guidare per ore e ore, su per le montagne e lungo i fiumi, e anche se sembra di arrivare in un posto completamente diverso, si è ancora a Seoul. Il traffico non si ferma mai, l'energia non diminuisce mai. Seoul è un cuore pulsante, la capitale dove tutto accade.

Ma prima di poter vivere veramente Seoul e la Corea, è importante imparare alcune usanze e un po' di galateo, tradizioni che in parte risalgono a cinquemila anni fa e che sono intrise dei principi confuciani del rispetto per gli anziani e dell'armonia della comunità.

Credetemi, è fondamentale comprendere le abitudini più importanti, perché un'espressione errata può facilmente portare a un fraintendimento. Una volta ho organizzato un incontro Zoom con un'editrice coreana molto importante, svegliandomi alle cinque del mattino a New York. Dopo aver bevuto molto caffè, aver indossato un abito da lavoro ed essermi truccata, ero pronta.

Sue, la mia collaboratrice coreana che vive a New York, mi ha fatto da interprete e l'incontro è durato quasi un'ora. Pensavo che fosse andata bene, che avessi stabilito un buon rapporto per affari futuri. Più tardi, con mio grande orrore, Sue ha ricevuto una lettera dall'editrice in cui si diceva che ero stata scortese e che non avrebbe mai fatto affari con me. Sono rimasta sbalordita. Pensavo che fosse andata benissimo!

Sue ha capito cosa è successo. Mi ha spiegato che mentre parlo gesticolo e che sono molto animata nelle conversazioni. Non sono italiana, ma potrei esserlo! Ho imparato così che agitare le mani quando si parla è un insulto nella cultura coreana e che quindi, a mia totale insaputa, ho mancato terribilmente di rispetto all'editrice. Sono state presentate delle scuse e tutto si è sistemato, ma ho imparato una lezione che non dimenticherò.

Come avete visto, in Corea a volte i fraintendimenti possono avere conseguenze importanti.

Anni fa ho accettato di rappresentare uno struggente e poetico libro portato clandestinamente fuori dalla Corea del Nord. Intitolato *The Accusation*, scritto da Bandi (uno pseudonimo), si tratta di una raccolta di brevi racconti delle vite di persone ordinarie che vivono sotto la dittatura. Ho avuto l'onore di conoscere la donna nord-coreana che è scappata a Sud e che stava traducendo il libro dal dialetto del suo paese. Ha raccontato di come la cultura nord-coreana sia rimasta invariata da dopo la guerra.

Ci siamo godute un pasto meraviglioso insieme al mio agente coreano e agli editori. Io mi sono auto-nominata fotografa della serata. Ero così entusiasta che prima di coricarmi ho inviato una foto a mio marito e mia sorella. Il mattino successivo, mio marito mi ha chiamato da New York. Mi ha detto che mia sorella l'aveva svegliato nel cuore della notte, in panico, preoccupata che potessi postare la foto sui social media – cosa che non avevo fatto.

«Barbara si farà uccidere! I nord-coreani le staranno addosso. Dille di non postare nulla su Facebook o su altri social».

Ridendo della sua solita reazione esagerata, le ho assicurato che non avevo postato nulla. Era già infastidita dal fatto che mi occupassi del libro, preoccupata che la mia vita fosse in pericolo.

Più tardi, ho raccontato al mio agente coreano cos'era successo e lui ha confermato che sarebbe stato pericoloso pubblicare le foto, visto che la famiglia della traduttrice era ancora in Corea del Nord e sarebbero potuti diventare un bersaglio.

A volte, pubblicare sui social e condividere un post può avere un costo nella vita reale. Visto che tutti viviamo una parte delle nostre vite online, è normale voler condividere tutto all'istante. Ma è sempre importante informarsi prima.

I coreani sono molto disponibili a venirvi incontro anche se non parlate la loro lingua. Durante un viaggio, la mia amica Gabriella e io stavamo partecipando alla Fiera del Libro di Seoul e siamo andate a esplorare una zona della città a noi sconosciuta. Per pranzo abbiamo trovato un piccolo e modesto caffè gestito da tre generazioni di donne, così autenticamente coreano da essere perfetto. Ma c'era un problema: non parlavamo coreano e il menu non era tradotto in inglese. Questo accadeva prima che Google Translate fosse attivo e funzionante.

Una vecchia signora era in piedi a mescolare davanti a un'enorme pentola mentre ci veniva consegnato il menu. In quel momento Gabriella mi ha ricordato di essere mortalmente allergica al pesce. Molti dei piatti coreani sono preparati con una salsa di pesce, quindi la cosa era seria. Come avremmo fatto a spiegarlo alle nostre ospiti?

Era il momento di fare appello a tutte le mie capacità comunicative, dalla pantomima al disegno e alla recitazione. Immaginatevi questo: io che faccio finta di essere un pesce con le braccia distese come se stessi nuotando, poi apro gli occhi e la bocca, prendo la mano e la muovo come se mi stessi tagliando la gola. Infine, mi butto a terra. «Niente pesce», dico. «Il pesce uccide».

A quel punto Gabriella era ormai in preda a una crisi di risa isterica, la cameriera sorrideva e anche l'anziana chef è venuta a guardare.

Non è stata una performance da premio Oscar, ma dopo che tutti hanno smesso di ridere le donne hanno fatto cenno di aver capito perfettamente. Hanno apprezzato il mio sforzo e non si sono offese perché non parlavo coreano. Poco dopo ci hanno servito una deliziosa ciotola di noodles con verdure e ortaggi. Quel giorno non solo ci siamo fatte delle amiche meravigliose, ma Gabriella ha mangiato in modo sano e non è finita in ospedale!

Imparare a comunicare (o a improvvisare!) è fondamentale quanto il passaporto in qualsiasi Paese si visiti. Ma la posta in gioco può essere più alta in Corea, perché qui le usanze e il galateo che si intrecciano nella vita quotidiana sono più elaborati di quelli che potete conoscere.

Quindi, sia che ci andiate come turisti sia che viaggiate per affari, padroneggiare le usanze coreane non è solo un segno di rispetto, ma è la vostra chiave d'accesso al Paese.

E tutto inizia con l'inchino.

Imparare a inchinarsi alla maniera coreana

Ho imparato a fare l'inchino sbattendo la testa e quasi procurandomi una commozione cerebrale.

Durante il mio primo viaggio a Seoul, ho soggiornato nell'hotel più antico della Corea, costruito nel 1914 durante l'occupazione giapponese. All'interno dell'albergo si trova un bellissimo giardino cinto da un muro di pietra, che contiene il complesso ottagonale dell'altare Hwangudan, oggi dichiarato sito storico. Fu costruito nel 1897 dall'imperatore Gojong per eseguire i «riti del cielo» e venerare il re Taejo, fondatore della dinastia Joseon.

Mi sono diretta verso il giardino e, probabilmente a causa del jet lag, ho battuto la testa sull'arco di pietra del portale d'ingresso. Ho dovuto fermarmi un attimo per riprendere fiato, mentre un uomo anziano stava cercando di uscire. Si è accorto dell'accaduto e, dopo aver atteso pazientemente, si è presentato e si è offerto di mostrarmi come avvicinarmi ed entrare nel complesso dell'altare, un luogo sacro.

Mi ha spiegato che, per mostrare rispetto, dovevo prima inchinarmi e mi ha mostrato come, spiegandomi poi il perché.

«La tua testa non dovrebbe mai essere più alta del cielo», mi ha detto.

È stato l'inizio della mia formazione sulle usanze e sul galateo coreano. L'usanza di inchinarsi, *Jeol*, è antica di secoli e molto importante. I coreani si inchinano per mostrare rispetto e per salutare. L'inchino è il modo in cui si entra in una stanza, in cui ci si saluta e in cui ci si dice arrivederci. Quando qualcuno si inchina a voi, dovete sempre ricambiare.

In Corea esistono diversi livelli di inchino.

Innanzitutto, quando vi inchinate, mettete le braccia lungo il corpo e salutate o ringraziate. Se si incontra un amico, si inclina leggermente la testa verso il basso; per i colleghi di lavoro o i superiori, si china la testa ancora più in basso, in segno di rispetto.

Il *Keunjeol* (grande inchino) è l'inchino più formale e profondo, che viene fatto in genere ai membri più anziani della famiglia in occasione di feste come il Capodanno lunare, il *Seollal* e la *Jesa*, una cerimonia per gli antenati.

Quando incontrate una figura religiosa come un monaco, unite le mani in preghiera e inchinatevi.

Dopo l'inchino, arriva il saluto!

In Corea le usanze sono più formali di quelle a cui potreste essere abituati. Rivolgetevi alle persone usando i loro titoli professionali, a meno che non vi chiedano di usare i loro nomi propri. (I nomi coreani sono l'inverso di quelli occidentali, con il cognome al primo posto).

Fate attenzione: il bacio singolo o doppio sulla guancia che potreste dare a un amico o a un collega quando li incontrate non va bene. Non vanno bene nemmeno gli abbracci o le pacche sulle spalle.

Invece, stringere la mano è il modo giusto per mostrare rispetto in Corea, e la maniera in cui la si stringe dipende dall'età o dallo status della persona che si incontra. Si noti che le donne coreane non stringono la mano, ma annuiscono leggermente.

La stretta con una mano è riservata a chi ha uno status superiore e a chi ha uno status inferiore. Per mostrare rispetto a una persona di status superiore, usate la mano sinistra per sostenere il braccio destro durante la stretta. Un consiglio è quello di usare entrambe le mani quando si incontra qualcuno per la prima volta.

Ho viaggiato spesso in Corea per affari e, se siete lì per lavoro, dopo l'inchino e il saluto arriva lo scambio dei biglietti da visita. Si tratta di un'operazione importante per instaurare un rapporto con il nuovo collega, in quanto fornisce informazioni sul vostro titolo e sulla vostra posizione all'interno dell'azienda. Bisogna accettare sempre il biglietto da visita con due mani e leggerlo per qualche secondo prima di posarlo davanti a voi sul tavolo. Non mettetelo subito via.

Quanti anni hai?

Poco dopo il vostro arrivo in Corea, vi verrà posta una domanda che, credetemi, non vi aspettate, e alla quale magari non vorreste rispondere.

Durante il mio primo viaggio in Corea ho volato per quattordici ore e mezza da New York a Seoul, senza contare il tempo passato ai controlli di sicurezza, alla dogana e ad aspettare i bagagli. Quando sono arrivata in albergo, mi sembrava di non aver dormito per tre giorni. Ancora oggi non riesco a credere di essere riuscita a uscire dal taxi e a entrare nella hall dell'hotel.

Ad attendermi con dei fiori c'erano due giovani collaboratori di un'organizzazione letteraria. Erano venuti ad accogliermi e a darmi personalmente il benvenuto a Seoul. È stato un bel gesto, che avrei apprezzato di più se non avessi voluto sdraiarmi sul pavimento di marmo e addormentarmi sul posto. Riuscivo a malapena a parlare.

Li ho ringraziati per i fiori e li ho salutati, ma loro hanno insistito per aiutarmi a salire in camera, portando le mie valigie, persino la borsetta. Cosa potevo fare?

Durante il tragitto verso la mia stanza, mi hanno fatto *questa* domanda: «Quanti anni ha?».

«Come, scusi?», ho risposto. «Ho sentito bene? Mi ha appena chiesto la mia età?».

Sentivo l'adrenalina pulsare nelle vene. Mi stavano prendendo in giro? La mia voce si è alzata di qualche decibel e mi sono svegliata completamente.

«Siete fuori di testa? Ci sono due cose che non bisogna mai chiedere a una donna», ho detto loro. «"Quanti anni hai?" e "Quanto pesi?"».

Li ho guardati e ho pensato che si sarebbero messi a piangere. La paura riempiva i loro occhi. Mi sono resa conto che il mio atteggiamento newyorkese poteva essere troppo per loro.

«Mi dispiace di aver urlato, ma sono esausta», ho detto.

Mi hanno spiegato, con tono molto serio, che in Corea è consuetudine chiedere l'età di qualcuno, in modo da potergli mostrare rispetto e parlargli nel modo appropriato. Hanno aggiunto che il galateo coreano detta regole diverse a seconda dell'età della persona a cui ci si rivolge.

Ho ascoltato educatamente e poi sono scoppiata a ridere.

«Dimenticate tutto. Chiamatemi solo Barbara!».

Erano molto sollevati che non fossi arrabbiata, ma ho immaginato che trovassero difficile chiamarmi per nome, dato che ero molto più grande di loro. Tuttavia, ho insistito affinché, da quel momento in poi, *tutti* quelli che avrei incontrato mi chiamassero Barbara e basta.

Ho sempre rispettato le tradizioni coreane, ma ho anche insegnato ai miei amici coreani il mio stile casual newyorkese e anche loro hanno accettato il mio modo di fare – una volta capito che andava bene.

Molto difficile, molto difficile

I coreani non amano dire di no: non vogliono deludervi e lo considerano scortese. Inoltre, si impegnano a fondo per evitare di dare la risposta sbagliata e magari fare brutta figura. L'ho capito una volta, quando la scrittrice Han Kang (all'epoca mia cliente) mi ha invitato a una mostra d'arte molto speciale per celebrare la pubblicazione del suo romanzo, *The White Book.*

La mostra era in una minuscola galleria in un vicolo dall'aspetto antico, nel vecchio quartiere di Seoul. La galleria si trovava dietro un grande portone di legno intagliato e mi sembrava di essere stata condotta in un rifugio segreto. L'esposizione era molto emozionante e parlava di vita, morte, guerra e perdita. Naturalmente ho incoraggiato alcuni degli editori europei di Han

Kang, anch'essi a Seoul, a visitare la mostra. Ho chiesto l'indirizzo al mio agente coreano, che mi ha promesso di procurarmelo.

Non avendo più avuto sue notizie, gli ho telefonato per avere aggiornamenti.

«Gli editori partono domani e vorrebbero andare alla mostra oggi», ho spiegato.

La sua risposta?

«Molto difficile, molto difficile».

«Non capisco. Che cosa significa?», ho chiesto.

«Molto difficile, molto difficile», è stata la seconda risposta.

Non riuscivo a capire cosa ci fosse di così complicato nell'ottenere l'indirizzo della galleria. Ha promesso di contattare Kang per ottenerlo.

Alla fine, quella sera tardi, ha chiamato per dirmi che anche Kang aveva detto: «Molto difficile».

Ho pensato che si trattasse di una vera e propria follia. Cosa poteva essere così difficile? Avevo immaginato tutto? La galleria d'arte esisteva davvero?

«Qual è il problema? È un luogo magico, come in un film di Harry Potter?», ho detto scherzando.

La risposta?

«Molto difficile, molto difficile».

Ogni volta che ho preso un taxi in un punto qualsiasi di Seoul o che ho chiesto un indirizzo, ci volevano almeno venti minuti per trovare il posto. Un amico mi ha invitato a cena e mi ha dato due indirizzi da comunicare al tassista. La cosa mi ha lasciato perplessa, ma ero così impegnata che ho pensato: questa è Seoul, accettala.

Qualche giorno dopo, J.M. Lee, uno degli autori più famosi del Paese nonché mio cliente, mi ha invitato a cena insieme al mio agente coreano. Ancora una volta, abbiamo guidato per quelle che sembravano ore fino a raggiungere il ristorante. Tornando a casa, J.M. mi ha chiesto se poteva fare qualcosa per me durante la mia visita. Gli ho raccontato del dramma della galleria d'arte e della necessità di avere due indirizzi per arrivare dappertutto. Ero pazza o stava succedendo qualcosa? Matrix aveva più senso di Seoul.

Lui si è messo a ridere. «Oh, gli indirizzi! Sì... È pazzesco. Ti racconterò tutto», ha promesso. Mi ha spiegato che dieci anni prima il governo aveva cambiato tutti i numeri civici, i nomi e gli indirizzi dell'intera città di Seoul. L'idea era quella di modernizzare la città, ma il risultato è stato una sorta di caos di cui nessuno voleva parlare.

Molte strade non hanno mai avuto numeri o indirizzi e sono conosciute solo grazie ai punti di riferimento circostanti. Ad altre strade sono stati dati nuovi nomi. Sarebbe come cambiare Park Avenue a New York con Barbara Street. Non c'è da stupirsi che nessuno sappia dove andare.

Oltre a quanto mi sembrasse assurdo, era anche incredibile che nessuno me lo avesse detto prima. Molto spesso non si trovano le risposte ad alcuna domanda. La Corea è come un labirinto, un groviglio, una rete di confusione. E anche questo fa parte del divertimento, se lo si capisce fin dall'inizio. Adoro i misteri, quindi Seoul è la città che fa per me.

In Corea ogni giorno è Natale

Fare regali è uno degli elementi chiave del saluto in Corea. È un modo in cui i coreani trasmettono rispetto, mantengono un buon *Kibun* (uno stato d'animo positivo) e mostrano una modesta cortesia. È essenziale quanto l'inchino o il saluto.

In Corea il regalo è un rito quotidiano, non solo per le feste; e la confezione è importante quanto il regalo stesso. Portare un regalo è fondamentale, sia che si veda un cliente di lunga data, un amico o che si incontri qualcuno per la prima volta. Arrivare a mani vuote è considerato scortese e sconsiderato.

Il costo del regalo non ha importanza: ciò che è fondamentale è il suo significato e il modo in cui è incartato. È buona norma impacchettare i regali nei colori reali del rosso e del giallo, del blu per la fortuna o del rosa e del giallo per la felicità. Non firmate un biglietto o una lettera con l'inchiostro rosso: significa che state chiudendo una relazione.

Anche fare un regalo a un collega di lavoro la prima volta che ci si incontra è un modo piacevole per rompere il ghiaccio. L'interlocutore si sente subito a suo agio e ne è contento. Non c'è modo migliore di iniziare una riunione, una trattativa o un incontro che far sentire gli altri rispettati e apprezzati. Allo stesso modo, portate sempre un regalo quando siete invitati a casa di qualcuno.

La reciprocità è parte importante della cultura coreana. È meglio non fare regali costosi, perché chi li riceve si sentirà obbligato a ricambiare con un regalo di pari valore. E proprio come per i biglietti da visita, i regali si fanno e si ricevono con due mani.

Il negozio di caramelle coreano di Barbara

La prima volta che sono andata a Seoul, sapevo che avrei dovuto portare dei regali per tutti, ma non sapevo esattamente cosa comprare. Nel duty free dell'aeroporto ho trovato quello che cercavo: scatole di caramelle See's, una marca americana che era popolare quando ero bambina. Mia madre e mia nonna erano solite regalare le See's quando venivano invitate a cena, quindi le caramelle avevano un significato sentimentale e speciale per me.

Dato che volevo portare un regalo a tutti coloro che avrei incontrato per lavoro, ne ho comprate sessanta scatole!

Le ho accatastate in una torre nella mia camera d'albergo e ogni volta che incontravo qualcuno ne prendevo una. Una sera, però, incontrando un socio al bar dell'hotel, ho dimenticato di portare il suo regalo. Così sono corsa al piano superiore della mia stanza, ho preso due scatole e sono tornata.

«Hai un negozio di caramelle nella tua stanza?», ha chiesto il mio socio, stupito e deliziato.

«Sì!», ho confessato.

Tutti hanno apprezzato le caramelle, soprattutto perché avevano una storia per me significativa. Questo, a sua volta, le ha rese significative per loro.

Quando visitate la Corea, portate dei regali che siano veramente personali, se potete. Un anno ho portato a due miei clienti dei ferri di cavallo che avevo comprato in un negozio di cowboy a Kansas City. Erano così autentici che credo fossero ancora sporchi di terra. I miei clienti si erano trasferiti entrambi in una nuova casa e volevo regalare loro dei ferri di cavallo da appendere all'ingresso, come portafortuna. Quando ho spiegato loro il significato del regalo, me ne sono stati molto grati.

La mia valigia di pan di zenzero

Lavoro nel settore dei libri, quindi cosa c'è di meglio di una delizia letteraria commestibile come regalo? Di recente ho visitato Grasmere, nel Lake District, in Inghilterra. Ho scoperto il Grasmere gingerbread e me ne sono innamorata. La ricetta risale al 1854. Poiché due settimane dopo mi sarei recata a Seoul, sapevo di doverne portare un po' per i clienti e gli amici, che sicuramente non ne avevano mai sentito parlare. Pensavo che avrebbero apprezzato sia l'incredibile sapore di zenzero, sia il fatto che provenisse dal piccolo villaggio in cui aveva vissuto William Wordsworth.

Ho comprato una cinquantina di pacchetti di pan di zenzero, ognuno avvolto nella carta e legato con un filo sottile. Ho riempito la mia valigia con il pan di zenzero e, quando un amico l'ha visto, ha temuto che mi avrebbero fermato all'aeroporto per quello che sembrava un pacco sospetto.

Per fortuna non sono stata arrestata per il mio dolce bottino!

Ero entusiasta di arrivare a Seoul e di fare un regalo così insolito ai miei amici. Così, con due mani, ho dato un pacchetto a una cliente. Questa è stata la risposta.

«Adoro il pan di zenzero di Grasmere. L'ho mangiato quando sono stata lì qualche settimana fa!», ha detto.

Sono quasi caduta dalla sedia. Il mondo è piccolo! Eppure ha apprezzato molto il pensiero.

In Corea è davvero quello che conta.

L'amore è sempre nell'aria

I sud-coreani festeggiano san Valentino il 14 febbraio, ma c'è una particolarità: solo le donne fanno un regalo al proprio partner, di solito del cioccolato. Ma non preoccupatevi: ci sono molte altre occasioni per fare regali ai propri cari e passare del tempo con loro. In effetti, ogni anno ci sono dodici feste in cui i coreani celebrano il romanticismo, sempre il 14 del mese.

Il 14 marzo è il Giorno Bianco, in cui gli uomini fanno regali alle loro fidanzate, spesso cioccolatini bianchi o fiori bianchi. Il 14 aprile è il Giorno Nero, in cui i single che non hanno ricevuto regali a febbraio o a marzo si incontrano e festeggiano il loro essere single indossando orgogliosamente il nero e mangiando i noodles con salsa nera, *Jjajangmyeon*.

Credo che questa sia una meravigliosa celebrazione del proprio status. In Occidente sempre più persone scelgono una vita da single, ma in Corea la vita è completamente incentrata sul matrimonio e sulla famiglia. Quindi, avere una giornata così inclusiva per i single è meraviglioso.

Il 14 maggio è il Giorno delle Rose, in cui gli innamorati si regalano rose gialle, mentre i single si vestono di giallo, mangiano curry giallo e si impegnano a trovare un amante!

Il Thanksgiving coreano

In Corea, la festa più importante dopo il Capodanno lunare (*Seollal*, una festa nazionale che celebra il primo giorno del calendario lunare coreano) è il *Chuseok*, considerato il Giorno del ringraziamento coreano. Si tratta di una festa di tre giorni in cui le persone tornano nelle loro città natali per celebrare il raccolto con le loro famiglie e onorare gli antenati con cerimonie commemorative.

I regali sono una parte importante della celebrazione e sono tipicamente regali che le famiglie possono condividere: cesti di frutta, set di tè o di caramelle coreane, regali per la cura del corpo per i membri anziani della famiglia, cibi tradizionali – tra cui i *Songpyeon*, tortine di riso con ripieno di sesamo dolce – e il *Gwapyeon*, una gelatina di frutta preparata con ciliegie coreane, mele cotogne, albicocche e biancospino bolliti con amido e miele. Si ritiene che questo dolce sia stato servito per la prima volta nelle corti reali della dinastia Joseon.

Il regalo più insolito che io abbia mai ricevuto durante le mie visite in Corea è stato da parte di un autore che rappresento. Era un cuscino ricamato di mallo di grano saraceno. Questi cuscini migliorano il sonno e la digestione e sono ecologici. Una volta appresi tutti i benefici che apportano, sono rimasta toccata dalla premura di offrire un regalo per la buona salute.

Uno è uguale a due

In Corea la vostra età non è quella che avete nel resto del mondo. I bambini coreani compiono un anno il giorno in cui nascono: il loro primo anno inizia al momento del concepimento e compiono due anni l'anno che tradizionalmente noi consideriamo come primo compleanno.

Il «primo» compleanno di un bambino, *Dol* o *Doljanchi*, è una celebrazione importante. È il momento in cui il bambino indossa il suo primo *Hanbok* (abito tradizionale coreano) e viene organizzata una festa in suo onore con cibi tradizionali. Mentre un tempo si regalavano anelli d'oro, oggi è più comune dare del denaro.

Quando si festeggiano eventi importanti della vita, come un matrimonio o un compleanno, il più delle volte si regala denaro. Per un sessantesimo, settantesimo o ottantesimo compleanno, sono appropriati denaro, alcolici o cesti regalo e se siete invitati a una cerimonia di inaugurazione di una casa, dimenticate la candela o la caffettiera. In Corea, i regali tipici per chi si trasferisce in una nuova abitazione sono prodotti per la pulizia e carta igienica!

Lezioni d'etichetta e modi di comunicare coreani

- Imparare le usanze e la maniera di comunicare coreane è essenziale. Vi aiuterà a evitare errori di comprensione sia nella vita privata che negli affari.

Le incomprensioni, piccole o grandi, possono avere effetti gravi.

- La reciprocità è una pietra miliare della cultura coreana. Assicuratevi che il valore del regalo che fate possa essere ricambiato senza causare stress finanziario.
- Fare un regalo è davvero una questione di pensiero.
- Praticate sempre il galateo locale: dimostra premura e stima nei confronti di chi vi ospita.

Ricetta

DUMPLINGS DI MANZO E TOFU

Ricetta di *Kyung-sook Shin*, autrice di *Prenditi cura di lei*

La mia amica e cliente Kyung-sook Shin mi ha dato questa ricetta, che ho assaggiato a casa sua in varie visite.

«Non è facile preparare i ravioli da zero», dice, «ma i coreani considerano una buona dimostrazione di ospitalità per gli invitati importanti servire ravioli fatti in casa. Sono uno dei tipici cibi coreani per le festività, durante le quali si preparano a mano, si cuociono al vapore o si mangiano in vari tipi di zuppe. Il nome di ogni raviolo è determinato da ciò che contiene: i dumplings di *kimchi* hanno il *kimchi* all'interno, quelli di erba cipollina l'erba cipollina, quelli di carne la carne e così via».

Ingredienti per la pasta dei dumplings

1 kg di farina
465 g di farina di riso
130 g di farina di riso glutinosa
4 albumi
3 bicchieri di acqua fredda e mezza tazza di acqua calda
1 cucchiaio di sale

Preparazione

1. Mescolate in una ciotola la farina, la farina di riso e la farina di riso glutinosa. Salate, quindi aggiungete gli albumi alla ciotola e iniziate a lavorare l'impasto, aggiungendo poco a poco l'acqua fredda e l'acqua calda.
2. Una volta che l'impasto è pronto, copritelo con una pellicola trasparente e lasciatelo riposare per 5-6 ore.
3. Mentre l'impasto matura, preparate il ripieno dei ravioli.

Ingredienti per il ripieno dei dumplings

900 g di manzo macinato
1 blocco di tofu
300 g di germogli di fagioli verdi
300 g di vermicelli
4 tuorli d'uovo
3 cucchiai di pasta d'aglio
2 cucchiai di olio di sesamo
Pepe nero
1 cucchiaio di sale
1 cucchiaio di riso in polvere

Preparazione

1. Iniziate facendo cuocere a vapore i germogli di fagioli verdi e i vermicelli; scolate l'acqua e ta-

gliateli a pezzetti della dimensione desiderata per i ravioli.

2. Mescolate il manzo macinato, il tofu, i germogli di fagioli e i vermicelli, in modo che si amalgamino un poco.
3. Aggiungete la pasta d'aglio, l'olio di sesamo, il pepe nero, il sale, la polvere di riso e i tuorli d'uovo e mescolate accuratamente tutti gli ingredienti.

Dopo aver preparato il ripieno per i ravioli, prendete l'impasto e tagliatelo in strisce più piccole; stendete ogni striscia fino a renderla molto sottile e della forma che desiderate. Spargete un po' di farina su entrambi i lati della porzione di pasta, in modo che i ravioli non si attacchino tra loro. Distribuite un po' di ripieno sulla pasta e ripiegate la pasta sul ripieno. Premete quindi i bordi della pasta e, se lo desiderate, modellatela in modo da ottenere la caratteristica forma del raviolo.

Una volta che i dumplings sono pronti, preparate il brodo per la zuppa. Potete usare il brodo che più vi piace: io preferisco un brodo leggero fatto con qualche pezzo d'alga marina. Prima di cuocere il brodo, se vi va, potete preparare qualche condimento, come striscioline d'uovo o di funghi. Una volta che il brodo è pronto, portatelo a ebollizione e aggiungete un po' di pasta d'aglio. Lasciate che si amalgami il tutto e poi aggiungete i dumplings. Condite con salsa di soia alla coreana.

Una volta che tutti i ravioli sono cotti, impiattate la zuppa di ravioli in una ciotola e completate con qualche condimento.

2

Cibo

음식

EUMSIK

Cibo

음식

eumsik

Destinazione: Namyangju-si 남양주 시

La Zuppa e il Loto

Quando sono in Corea, ho così tanti autori, editori e redattori da incontrare che di solito è impossibile prendermi un giorno libero. Così, quando Joseph, il mio co-agente coreano, mi ha chiesto se mi sarebbe piaciuto uscire da Seoul e fare un giro a Namyangju-si, ho colto l'occasione. Namyangju-si si trova a venticinque minuti di macchina da Seoul e vi ha sede un set cinematografico (che contiene una replica della Zdm), sentieri da trekking, le tombe della dinastia Joseon e un giardino acquatico ecologico.

Sapevo poco di ciò mi aspettava. Mi sono seduta sul sedile posteriore dell'auto e ho osservato il paesaggio cambiare dalla città alla campagna e le montagne ricoprirsi di un verde lussureggiante. Era estate e faceva caldo.

Dopo circa un'ora, siamo arrivati nei dintorni di Namyangju-si e, uscendo dalla strada principale, Joseph ha parcheggiato l'auto. Lui, sua moglie e io ci siamo incamminati lungo una strada sterrata di campagna fino a un piccolo ristorante. All'esterno c'era gente riunita intorno a un tavolo da picnic sotto grandi alberi. Abbiamo attraversato un vecchio cortile in pietra dove una gallina starnazzava e correva, mentre un cagnolino che prendeva il sole ci ha degnati appena di uno sguardo. Abbiamo lasciato le nostre scarpe sulla soglia di una piccola sala da pranzo.

All'interno, ci siamo seduti su stuoie di paglia sul pavimento, nello stile coreano tradizionale. Il cameriere ci ha portato piccoli piatti di *kimchi* e verdure, radici di loto, ravanelli, sottaceti, poi ha acceso il fornello al centro del tavolo. Ci ha portato poi una grande pentola di pietra contenente un pollo farcito con riso, ginseng, aglio e giuggiole e del brodo.

Si trattava della famosa *Samgyetang* – zuppa di pollo al ginseng. Si ritiene che questo piatto rafforzi il sistema immunitario e stimoli la mente. Viene consumata tutto l'anno, ma in particolare in estate, perché si ritiene che rafforzi il corpo indebolito dalla sudorazione costante. Credo che la zuppa di pollo sia il comfort food per eccellenza, e ogni cultura ha la sua versione: da quella greca con il limone a quella ebraica con le palline di matzo – quest'ultima è nota come «penicillina ebraica», quindi l'aggiunta del ginseng coreano la rende doppiamente potente e salutare!

In Corea, la zuppa di pollo al ginseng non è mai solo una zuppa – è una ciotola di amicizia, amore, comfort, gioia e gratitudine. E così è stato con la mia prima zuppa di pollo al ginseng. Condividere un piatto così ricco con i miei amici è stata un'esperienza indimenticabile. Anche se mi trovavo a migliaia di chilometri da casa, la zuppa era familiare e immediatamente confortante. Pensavo alla zuppa di pollo di mia nonna, anche se quella coreana aveva un sapore speciale, dato dal ginseng e dalle verdure, che la rendeva molto particolare.

Dopo pranzo, abbiamo fatto una lunga passeggiata fino a un campo di loto, uno spettacolo da togliere il fiato. I fiori di loto rosa ondeggiavano nella brezza estiva mentre le loro foglie verdi e piatte galleggiavano sull'acqua. Il campo era un mosaico di fiori.

Il loto è uno dei simboli più importanti della cultura coreana. Cresce nell'acqua fangosa e sale in superficie per fiorire con straordinaria bellezza – e questo è qualcosa che tutti noi possiamo imparare: il fiore sboccia indenne nonostante l'ambiente circostante. È una metafora che ha ispirato le persone per secoli. Sia nel confucianesimo che nel buddismo, il loto simboleggia la virtù, la purezza di cuore e il risveglio spirituale.

Ricordo che non riuscivo a credere di essere a Namyangju-si a sperimentare due delle grandi meraviglie della Corea: Madre Natura in tutta la sua bellezza e la migliore zuppa di pollo al ginseng del mondo!

Hai mangiato? Come stai? *Bap Meogeosseoyo*?

La prima cosa che vi chiederanno, che siate in ufficio, a un appuntamento o a casa, è: «*Bap Meogeosseoyo?*». Significa letteralmente «hai mangiato?», ma in realtà vuol dire anche «come stai?». Dopo secoli di fame e povertà, guerre e carestie, in Corea ogni pasto è considerato prezioso. Nel corso delle mie visite prolungate, ho imparato che dare da mangiare a un amico, a un ospite, a un familiare o a un estraneo è la chiave dell'essere coreano.

Ma ho anche imparato questo: in Corea un pasto non riguarda mai solo il cibo. Riguarda le persone e la loro cultura, il loro rapporto con la natura e la storia. Ho iniziato a capire il popolo coreano grazie ai pasti che ho consumato con loro. In Corea, ogni pasto è un'occasione per essere grati, per condividere e per gustare cibo delizioso e sano. Questo fa sì che il galateo della tavola sia una pratica importante nella vita quotidiana. Si tratta sempre di creare intorno al tavolo un ambiente di armonia e rispetto, e per l'ospite è essenziale avere questa capacità.

Che foste membri della famiglia reale che ha governato la Corea per secoli o contadini di un villaggio, storicamente mangiare era un'esperienza comune. Oggi lo è ancora, a dimostrazione del *Jeong*, il filo invisibile che unisce i coreani.

Poiché la cultura coreana pone gli anziani in cima alla gerarchia sociale, aspettate che la persona più anziana a tavola si sieda per prima e inizi a mangiare – anche per questo i coreani chiedono la vostra età.

Quando si entra nei ristoranti e nelle case private, bisogna togliersi le scarpe – quindi curatevi di avere i piedi o i calzini puliti. Nei ristoranti tradizionali, mangerete seduti per terra. E, buono a sapersi, non bisogna lasciare la mancia.

La preparazione del cibo è un processo lungo e l'impiattamento è un'arte. I protagonisti di ogni pasto coreano sono riso, noodles, *kimchi*, tofu, aglio, zenzero, pasta di peperoncino, verdure sott'aceto, radici e zuppe insieme a pesce, maiale, manzo o pollo. Le proteine sono usate con parsimonia: nessuno in Corea mangia un'intera costata di manzo! Verrebbe invece tagliata a fette sottili e servita come accompagnamento del pasto insieme agli altri ingredienti freschi. Nessuna traccia di patate fritte o cibi elaborati! E non troverete né sale né pepe sulla tavola, e nemmeno pane e burro. Insalate, frutta, verdura e radici sono disposte su vassoi e piatti come se fossero fiori.

A differenza dei cinesi e dei giapponesi, i coreani usano i cucchiai fin dal quinto secolo e mangiano con essi insieme a bacchette di metallo, non di legno. È un passo falso mettere le bacchette in posizione verticale in una ciotola di riso – questo ricorda il modo in cui le ciotole di riso vengono offerte nelle cerimonie in onore degli antenati –, appoggiatele invece sul bordo del piatto.

I coreani nutrono molto bene i loro ospiti. Ho avuto il privilegio di essere ospitata calorosamente da clienti per pranzi e cene. Se verrete invitati a casa di qualcuno per un pasto, prima di iniziare i coreani diranno «*Jal meokkesseumnida*», che significa «mangerò bene». Questo è il modo in cui si mostra apprezzamento al padrone di casa e significa anche «grazie per il pasto».

I pasti non sono mai affrettati, così tutti possono gustarsi il cibo e la compagnia. Ho imparato che non esiste un piatto principale in un pasto coreano tradizionale, ma ci sono molti piccoli piatti – i *banchan* – con contorni di verdure al vapore, sott'aceto, bollite o fritte che vengono riempiti durante il pranzo o la cena. Una volta che un piatto è vuoto, viene riempito di nuovo. Tutti partecipano a tutto e condividono. Nessuno riempie troppo il proprio piatto, anche perché è considerato scortese avanzare il cibo. Piuttosto, si mettono nel piatto piccole quantità di cibo finché non si è sazi. Una deliziosa zuppa conclude il pasto.

Il cibo non viene mai sprecato o buttato. Una lezione importante che ho imparato da molti pasti coreani è quella di mangiare lentamente e in piccole porzioni per una migliore digestione. Credo che questo modo di mangiare sia la strada per mantenere un peso sano.

Cibo coreano dalla A alla Z

Per la maggior parte dei visitatori, la lingua coreana non è facile da imparare. Ha un alfabeto diverso – *Hangul* – e la struttura delle parole e delle frasi è unica.

Ma dopo il mio primo pasto coreano ho imparato rapidamente cosa chiedere. Quando ho voglia di vermicelli, dico *Japchae*. Se ho voglia di ravioli, dico *Mandu*. Quindi ecco la mia lista dei cibi da assaggiare quando siete in Corea – imparate queste parole e non avrete più fame.

Kimchi: il cibo nazionale

Se ogni Paese ha il suo profumo, allora quello coreano dev'essere quello del *kimchi*: il piatto a base di verdure salate e fermentate considerato a lungo *il* cibo nazionale. Quando la regina Elisabetta visitò la Corea nel 1999 in occasione di un tour reale, faceva parte del suo itinerario anche una dimostrazione della preparazione del *kimchi* nell'antico villaggio di Hahoe.

La storia del *kimchi* risale a migliaia di anni fa, quando i coreani facevano fermentare le verdure e usavano vasi di coccio interrati durante l'inverno per conservare il cibo. Croccante e piccante, il *kimchi* è anche un fantastico alimento salutare, ricco di fibre, vitamina C, probiotici e carotene (che il corpo converte in vitamina A).

Utilizzato come condimento, spezia, antipasto, contorno o consumato da solo, esistono centinaia di modi per preparare il *kimchi*, ma il più popolare è a base di cavolo, ravanelli bianchi e cetrioli. Le verdure vengono messe a bagno in una salamoia di zenzero, aglio, cipolla verde e peperoncino e imbottigliate in modo da durare un'intera stagione.

Preparare il *kimchi* è un po' come preparare conserve e marmellate: nessuno ne fa solo un barattolo. E se vi state chiedendo quanto sia importante il *kimchi* per la cultura coreana, sappiate che a Seoul esiste un intero museo dedicato a questo ingrediente.

Il riso fa girare il mondo

Il riso è un alimento immancabile sulle tavole coreane, ma il suo significato va ben oltre il cibo. Un tempo la ricchezza era determinata dalla quantità di riso che si aveva in magazzino. In coreano, il riso si chiama *Ssal;* una volta cotto, si chiama *Bap*.

Il giorno del Capodanno coreano, il primo giorno del calendario lunare, le famiglie mangiano il *Tteokguk*, una zuppa composta da un brodo contenente sottili torte di riso, che simboleggia salute e buona fortuna.

Molte persone comprano le torte di riso; in alternativa, coloro che desiderano una consistenza specifica o una miscela di grani diversi, portano il loro riso in un mulino di solito situato nel mercato tradizionale. Spesso si mette a bagno il riso per una notte a casa prima di portarlo al mulino dove verrà macinato. È anche possibile portare i propri semi per produrre olio da cucina.

Si tratta di un uso popolare perché permette di avere prodotti molto più freschi e garantisce che non ci siano additivi artificiali.

Bulgogi: carne al fuoco

Come la maggior parte degli americani, la mia introduzione al cibo coreano è avvenuta con il barbecue coreano – il *bulgogi.* Letteralmente la parola significa «carne al fuoco». Il *bulgogi* è preparato con carne di manzo tagliata a fettine sottili e marinata in un mix di salsa di soia, zenzero, aglio, semi di sesamo, pepe nero e cipolle. Si può aggiungere un po' di succo d'ananas, altra frutta o zucchero per renderlo più dolce.

Il *bulgogi* viene cucinato sulla fiamma libera, di solito su una griglia posta all'interno di un tavolo. Sebbene sia spesso preparato con carne di manzo, può essere fatto anche con pollo o frutti di mare (a Seoul il posto migliore per trovare un ristorante di barbecue di frutti di mare è la Grilled Fish Street a Dongdaemun).

Il divertimento nel mangiare la grigliata coreana è che la cucinate voi stessi. Al ristorante, vengono portati al tavolo vassoi di carne tagliata a fettine sottili e piatti di *kimchi,* sottaceti e riso bianco; la carne viene messa sulla griglia e poi vi lasciano fare. Una volta cotta, mettetene una fetta nella vostra ciotola di riso o avvolgetela in una foglia di lattuga, spalmatela di salsa e gustatevi uno dei migliori bocconi della vostra vita.

Salute!

Molti pasti e festeggiamenti in Corea sono accompagnati da un bicchiere di *soju*, un'acquavite distillata da riso, orzo, grano e, più recentemente, patate dolci. Spesso paragonato alla vodka, il *soju* è considerato la bevanda nazionale e ha una lunga storia. Le prime testimonianze risalgono al tredicesimo secolo, quando gli invasori mongoli portarono in Corea i metodi di distillazione dell'Arak.

Servito in bicchierini, la regola per bere il *soju* è che non si può mai versare per se stessi e che bisogna sempre usare due mani quando si versa per gli altri. A loro volta, saranno gli altri a riempire il vostro bicchiere. Per il brindisi, in Corea, si esclama: «*Geonbae!*», che significa «salute» o «scola il bicchiere».

Bibimbap: amore avanzato

Il *bibimbap* è un miscuglio di riso e un modo pratico per utilizzare gli avanzi nel frigorifero. Veniva consumato secoli fa dai contadini: secondo la tradizione, il *bibimbap* è una ciotola di riso condita con carne, un uovo e verdure. È facile da preparare a casa: prendete del riso, aggiungeteci del *bulgogi* avanzato, dei frutti di mare o del pollo, fate bollire un uovo, mescolate con dello scalogno tagliato a fettine e dei germogli di fagioli e *voilà*, vi ritroverete un pasto equilibrato in una ciotola.

Japchae: la pasta coreana

Il *japchae* è uno dei miei piatti preferiti. Sono delle «tagliatelle di vetro» (chiamate così perché, a causa della farina utilizzata per farle, sono spesso trasparenti) a base di fagioli Mung o altri fagioli, patate dolci o verdure, di solito saltate in padella con scalogno, carote e simili. La consistenza è molto più leggera di quella della pasta, e i noodles assorbono molto bene il sugo in cui sono cotti.

Mandu: il paradiso dei ravioli

I dumplings coreani sono piccoli ravioli dal sapore delizioso che si mangiano come antipasto o in una zuppa. Questi quadrati di pasta sono riempiti con verdure, carne, frutti di mare, cipolle, *kimchi*, spinaci o qualsiasi altra cosa. Vi ho fornito una semplice ricetta per farli da zero con solo farina di riso al capitolo 1, ma potete anche aggiungere all'impasto patate dolci schiacciate o spinaci.

I *mandu* posso essere mangiati in brodo, come una sostanziosa zuppa, o fritti o al forno e serviti con salsa di soia e un goccio di aceto, aglio, zenzero e peperoncino.

Chimaek

Fu durante la guerra di Corea (1950-1953) che i coreani assaggiarono per la prima volta il pollo fritto all'americana. La storia racconta che le truppe americane di stanza in Corea del Sud, non potendo mangiare il tacchino il Giorno del ringraziamento, usassero il pollo, condividendolo con i loro alleati sud-coreani. Il pollo in Corea era solitamente cotto al vapore o bollito e i soldati apprezzarono questa variante.

Oggi il pollo fritto è uno dei cibi più popolari nel Paese, sia come pasto che come spuntino. In effetti, secondo un recente sondaggio, il pollo fritto coreano si è piazzato al primo posto anche tra i non coreani quando è stato chiesto loro quale fosse il cibo coreano preferito (al secondo posto c'è il *kimchi* e al terzo il *bibimbap*).

C'è una grande differenza tra il pollo fritto coreano e la ricetta occidentale. In Corea il pollo viene fritto due volte per rendere la pelle sottile e croccante. I pezzi di pollo possono essere acquistati semplici o conditi con salse piccanti a base di peperoncino o aglio. A prescindere dalle preferenze, il pollo fritto coreano si mangia sempre accompagnato da birra. Per questo motivo, il piatto è conosciuto localmente come *chimaek* («*chi*» per pollo e «*maek*» per *maekju*, ovvero birra).

Se avete voglia di pollo fritto, in Corea avete l'imbarazzo della scelta: si stima che nel Paese ci siano circa ottantamila ristoranti di pollo fritto, molti dei quali fanno parte di un franchising. E se vi trovate fuori dalla Corea, nessun problema! Molte delle principali catene coreane hanno aperto negozi all'estero.

Il vero *Squid Game*

Quanto siete avventurosi quando si tratta di cibo? Se pensate di poter assaggiare qualsiasi cosa, un buon test vi attende in Corea con il *sannakji*. Conosciuto anche come «polpo che si dimena», è un piatto a base di piccoli polpi crudi e tagliati a pezzi che si muovono ancora – in realtà non sono più vivi quando il piatto viene servito, ma si muovono ancora a causa delle scosse dei nervi. Il *sannakji* può essere preparato con olio di sesamo o pasta di peperoncino e si mangia con le bacchette.

Lezioni da una tavola coreana

- La zuppa di pollo è l'elisir di lunga vita.
- Mangiate sempre cibi freschi e prodotti localmente. Se non riuscite a trovare delle buone mele, mangiate una pera. Si può sempre trovare qualcosa di fresco.
- Mangiate più verdure durante i vostri pasti. Ne sentirete immediatamente i benefici per la salute.
- Siate avventurosi, provate sempre cibi nuovi come il *kimchi* o cibi allo zenzero – o addirittura il polpo che si dimena!

- Se si mangia di fretta, non si assapora il pasto. Rallentate e godetevi il cibo.
- Mangiare con la famiglia e gli amici, anche con il cane o il gatto al vostro fianco, vi renderà più felici. Il legame sociale e la comunicazione sono ciò che ci mantiene sani di mente!
- Considerate ogni giorno come il Giorno del ringraziamento. I coreani sono grati per la strada che hanno percorso come Paese, ed è evidente ogni volta che viene preparato e servito un pasto tradizionale. Assicuratevi di esprimere sempre gratitudine e di sentirvi fieri di voi stessi, della vostra famiglia, degli amici, del Paese e anche del mondo – e assicuratevi di godervi i pasti.
- Bevete moltissimo tè alle erbe, siate parsimoniosi con le proteine, finite quello che avete nel piatto e al massimo tornate per il secondo. Mangiare piccole porzioni è più salutare; imparate a capire quando vi sentite realmente soddisfatti e quando ancora non siete sazi.

Ricetta
ZUPPA DI POLLO AL GINSENG: *SAMGYETANG*

Ricetta di *Dongkyung Lee*

Dongkyung è la madre della mia socia Sue Park, ed è un'ottima cuoca. Al contrario della maggior parte delle zuppe, che si mangiano d'inverno, questa è tipicamente consumata durante l'afosa estate coreana. «La zuppa di pollo al ginseng è chiamata in molti modi diversi in Corea, come *samgyetang* o *baeksook*. A differenza della zuppa di pollo americana, quella coreana è considerata un piatto estivo, consumata generalmente durante il periodo del *sambok*, ovvero la stagione delle ondate di caldo della penisola», dice.

«Grazie ai suoi ingredienti semplici ma sani e dai sapori forti, si dice che la zuppa migliori la salute e prepari il corpo per l'estate in arrivo. Un piatto di zuppa di pollo al ginseng è diventato un rituale estivo per i coreani.

«Adesso è un piatto comune, e anche un comfort food per la maggior parte dei coreani amanti del pollo, ma quand'ero bambina non potevamo permetterci il lusso di mangiarla ogni estate. Al tempo, la carne era un bene raro, e i polli erano risorse preziose perché deponevano uova da vendere, quindi mangiarli era impensabile.

«Ho assaggiato per la prima volta la zuppa durante i miei vent'anni, più o meno quando mia madre iniziò ad allevare una schiera di polli e quindi potevamo permetterci di mangiarne. Ho sempre pensato che il cuore di questa zuppa sostanziosa sia un pollo ben allevato e bollito – in parte per la mia esperienza, in parte per la sua elegante semplicità. Così preferisco la ricetta classica rispetto a tutte le altre, in cui il ginseng e l'aglio sono i soli ingredienti chiave che esaltano il sapore del pollo. Non c'è bisogno di nient'altro».

Ingredienti

2 radici di ginseng
1 pollo intero
1 bulbo d'aglio intero
250 ml di riso glutinoso
Pepe nero
Sale
Spago
Condimenti di vostra scelta (alghe coreane, pinoli tostati, scalogno tritato ecc.)
Una pentola da zuppa capiente

Preparazione

1. Lasciate il riso glutinoso a bagno in una ciotola di acqua tiepida per 20 minuti. Questo farà sì che il riso si ammorbidisca e cuocia meglio insieme al pollo.
2. Mentre il riso è a bagno, preparate gli altri ingre-

dienti: prendete le due radici di ginseng e l'aglio e lavateli accuratamente, quindi pelateli. Non c'è bisogno di tritare il ginseng poiché si userà la radice intera. Anche l'aglio non dovrà essere tritato: saranno sufficienti gli spicchi ben pelati.

3. Preparate il pollo: riempite la pancia pulita con le due radici di ginseng e l'aglio, quindi aggiungetevi il riso. Con lo spago, legate il pollo con cura esattamente come fareste con il tacchino per il Giorno del ringraziamento.
4. Mettete il pollo nella pentola con la pancia rivolta verso l'alto, poi riempite la pentola di acqua fino a sommergere il pollo.
5. Bollite per 45-50 minuti a fuoco alto, coperto. Una volta che l'acqua bolle, potete abbassare la fiamma.
6. Scaduto il tempo, spegnete il fornello ma lasciate la pentola chiusa per altri 10 minuti – questo renderà il pollo più tenero e farà risaltare ancora di più i sapori degli ingredienti.
7. In un piatto fondo, servitevi quanta zuppa desiderate e conditela con sale e pepe o con ciò che preferite. La zuppa solitamente viene lasciata scondita fino alla fine in modo che sia il commensale e non il cuoco a condirla. Così, i suoi semplici e saporiti ingredienti agiscono tra di loro senza essere «disturbati» dalle spezie durante la cottura.
8. Se volete, potete condire la vostra zuppa con alghe, cipolla tritata o anche pinoli.

3

Casa

집
JIB

Casa

집

jib

Destinazione: Villaggio Bukchon
Hanok/Museo del Mobile della Corea,
Seoul 북천 한국 마을과 서울 가구 박물관

Una macchina del tempo coreana

C'è un luogo a Seoul dove si può viaggiare indietro nel tempo di seicento anni, fino al XIV secolo. È qui che mi sono ritrovata con la mia cliente e cara amica Kyung-sook Shin, camminando lungo vicoli acciottolati e sbirciando dalle finestre di case costruite agli inizi della dinastia Joseon. Benvenuti a Bukchon Hanok, un quartiere storico formato da circa novecento *Hanok*, le case tradizionali coreane di legno, pietra e carta. Oggi, alcune sono ancora case private, ma molte sono state ristrutturate e trasformate in pensioni, ristoranti e gallerie. A prescindere dalla loro funzione, sono tutte protette da leggi per la conservazione storica. Immersa nella parte moderna di Seoul, è una straordinaria istantanea della storia coreana.

Situato tra due palazzi, il villaggio fu originariamente occupato dalla corte della dinastia Joseon e dagli ufficiali in comando che servivano la famiglia reale. L'area è rimasta poi incontaminata fino al 1930, quando vennero costruite nuove *Hanok*. Negli anni Sessanta, mentre Seoul correva verso la modernizzazione, il villaggio stava per essere ristrutturato e le case tradizionali ricollocate altrove. Fortunatamente, grazie a una petizione dei residenti, il governo decise di salvare il quartiere.

Siamo arrivate davanti a una *Hanok* recintata che apparteneva a un amico di Shin che ci ha invitato a prendere il tè. Aveva organizzato questo invito speciale per me e le ero molto grata. Fin dal mio primo viaggio in Corea sono stata toccata dalla generosità dei miei amici coreani, che pensavano sempre a come farmi vivere esperienze indimenticabili.

Il nostro ospite ha aperto la pesante porta di legno del cancello di pietra e siamo entrate in un cortile interno pieno di alberi e piante sempreverdi – in primavera il mirto, le bignonie selvatiche, i bambù, le peonie, i fiori di zucca e le rose rosse fioriscono nei giardini di molte di queste case. Una passerella di pietra ci ha condotte verso l'entrata.

Ci siamo tolte le scarpe. La casa era calda grazie al riscaldamento a pavimento. Mi sembrava di essere entrata in un monastero: ogni cosa era serena e immacolata. Le stanze erano vuote, con pavimenti in legno lucido e finestre scorrevoli in pergamena. Il padrone di casa ha aperto un mobile alto e ha tirato fuori dei cuscini per farci sedere, insieme a un tavolino di mogano.

Fuori ha iniziato a nevicare, incipriando delicatamente gli alberi sempreverdi del cortile. Il cielo, bianco attraverso la finestra, era lo sfondo perfetto per il tetto di legno intagliato e per i muri di pietra, che sembravano essere in technicolor. Era tutto così calmo, misterioso ed estraneo per me. Il nostro ospite ha appoggiato delicatamente una teiera di pietra e piccole tazze di porcellana bianca sul tavolino e ci ha servito nella tradizionale maniera della cerimonia del tè. Il tè caldo *Saenggang-cha* è il rimedio perfetto per le fredde giornate invernali. Preparato con radice di zenzero e miele, scivolava in gola e riscaldava il corpo. Altrettanto confortante è stata la maniera in cui il nostro ospite mi ha fatto sentire a casa. L'usanza coreana è quella di far sentire ogni ospite come parte della famiglia.

Da dichiarata minimalista, ero totalmente innamorata della casa e ho condiviso con l'ospite una riflessione che avevo avuto con me stessa per oltre vent'anni. Ho ammesso che mi sentivo in disaccordo con gli amici e i colleghi newyorkesi i cui appartamenti erano pieni di oggetti e mobili. Io non avevo quasi nessun mobile nel mio appartamento e, come i coreani, tenevo tutto negli armadi. Lì nell'Hanok Village mi sentivo più a mio agio che in molti appartamenti di New York. Ho chiesto al mio ospite la sua opinione.

«Non prendete mobili!», ha detto subito. «L'uso coreano è di mettere tutto negli armadi ed è per questo che le nostre stanze sono così serene. Non abbiamo bisogno di disordine».

Finalmente mi hanno dato ragione!

Il mio primo viaggio al villaggio è stato in inverno e c'era poca gente in giro, ma sono tornata in estate, quando è pieno di turisti, studenti, famiglie, coppie e gruppi. Ho appreso che uno dei passatempi preferiti dagli abitanti del luogo è quello di affittare i costumi tradizionali coreani (*Hanbok*) e visitare il villaggio Hanok o altri siti storici per sperimentare la vita dei loro antenati. È uno spettacolo molto piacevole vedere tutti che si godono il passato nel presente. Credo che questo rinforzi *Jeong*, il legame che unisce tutti i coreani, ma anche il rispetto che i coreani hanno per i loro antenati, creando un forte senso di identità culturale. È la storia che si fa viva.

Bukchon Hanok
Indirizzo: 37, Gyedong-gil, Jongno-gu, Seoul
Tel.: +82 2-214-84160
Sito web: hanok.seoul.go.kr

Hanok: la casa coreana tradizionale

Edificate per la prima volta nel quattordicesimo secolo durante la dinastia Joseon, le *Hanok* erano costruite con materiali naturali – terra, legno e roccia – e con tetti di tegole di argilla rossa. Le fondamenta erano fatte di pietra e il telaio di travi di legno. Le dimensioni dell'*Ha-*

nok dipendevano dallo status sociale, con la nobiltà che viveva in una tenuta con più strutture.

Le porte e le finestre erano costruite con grate di legno e i vetri erano fatti di pergamena, non di vetro. Questa pergamena, nota come *Hanji*, è ricavata dalla corteccia interna del gelso e funziona perfettamente per isolare e ventilare la casa.

Per la finitura delle pareti e dei pavimenti veniva utilizzata l'argilla rossa, che assorbe e regola in modo ingegnoso l'umidità. Le *Hanok* sono tenute calde in inverno dall'*Ondol*, un antico sistema per cui i pavimenti in pietra sono riscaldati dal basso tramite una fornace a legna in una cucina inferiore, che veicola il calore attraverso canali sotto il pavimento.

In genere, l'*Hanok* veniva costruita di fronte a un corso d'acqua con montagne alle spalle. I tetti hanno gronde profonde per mantenere l'ombra nei caldi mesi estivi. Più a nord, le *Hanok* venivano costruite in un quadrato chiuso intorno a un cortile per mantenerli più caldi.

L'*Hanok* era costruita per incorporare sia l'ideale confuciano di vivere in armonia con la natura, sia la pratica del *Pungsu-jiri* (simile al feng shui cinese) che si concentrava sulla costruzione della casa in allineamento con l'ambiente per ottenere prosperità e fortuna. Poiché i principi confuciani imponevano la separazione dei generi, le donne vivevano nelle stanze interne e gli uomini in quelle esterne.

Quello che mi piace delle *Hanok* è che tutto ruota intorno alla natura. Sono state costruite con grandi finestre panoramiche in tutte le stanze che si affacciano su cortili pieni di alberi e fiori. Poiché le persone si sedevano per terra, le finestre erano costruite in basso in modo da poter appoggiare i gomiti sul davanzale, guardare fuori e apprezzare il panorama. I coreani consideravano tutto ciò che si trovava fuori dalla finestra come un giardino da rispettare e da apprezzare. Vivere in questo modo ha una qualità meditativa meravigliosa: credo che portare la natura nella vita di tutti i giorni sia una delle chiavi per la pace mentale.

L'aspetto interessante è che mentre un tempo le *Hanok* erano considerate antiquate e non in grado di stare al passo con la tecnologia moderna, oggi vengono celebrate per le loro pratiche ecocompatibili e sostenibili. Assemblate pietra per pietra, tegola per tegola, possono essere ugualmente scomposte e ricostruite in un altro luogo – cosa che le rende una vera architettura portatile. Le generazioni più giovani acquistano *Hanok* e ne ristrutturano gli interni, oppure ne costruiscono di nuove utilizzando i vecchi princìpi.

Vita moderna

Se volete capire come vivono i coreani oggi, potete pensare a una specie di equazione matematica.

Antichi valori confuciani + architettura del XXI secolo = casa.

Oggi circa l'80 per cento dei cinquantuno milioni di coreani vive nelle città e nelle aree urbane, e circa dieci milioni vivono nella capitale Seoul.

Poiché circa il 70 per cento della Corea è costituito da montagne, lo spazio è prezioso e così, dagli anni Sessanta, il Paese ha iniziato a costruire in verticale a un ritmo sostenuto.

Oggi, la maggior parte dei coreani vive in complessi di appartamenti nei grattacieli. Con un massimo di venti edifici per complesso, il luogo in cui si vive può assomigliare a un piccolo villaggio. I prezzi medi di un appartamento vanno dai 350.000 ai 1,5 milioni di dollari. Ma se cercate il vero lusso, dirigetevi verso il quartiere Gangnam di Seoul. Patria delle star della K-pop, attori e magnati, viverci è il massimo dell'opulenza e gli edifici spesso comprendono spa, palestre, piscine e parcheggi. Il prezzo di un appartamento parte circa da 1,5 milioni di dollari e sale fino alla stratosfera.

Ogni appartamento, *apatu*, è in genere composto da due o tre camere da letto, cucina, salotto, bagno e lavanderia, oltre a grandi verande utilizzate per conservare il cibo o asciugare il bucato. Tutti i miei conoscenti a Seoul vivono in edifici alti e moderni, ma stanno comparendo anche nuovi spazi abitativi davvero interessanti, come magazzini convertiti in appartamenti e negozi di tendenza.

All'esterno questi appartamenti possono essere fatti di vetro e acciaio, ma all'interno si ritrovano le caratteristiche delle abitazioni tradizionali. Proprio come una *Hanok*, un appartamento del XXI secolo ha un ingresso incassato prima di entrare nel resto dello spazio: se prima era progettato per catturare l'acqua piovana, oggi serve per togliersi e riporre le scarpe. Gli appartamenti coreani hanno finestre e porte scorrevoli a tutta altezza, una caratteristica che era comune nelle case *Hanok*, anche se ovviamente in queste ultime le pareti e le finestre erano fatte di carta. E mentre le *Hanok* usavano il fumo della legna sotto le assi del pavimento per riscaldare la casa, oggi ogni appartamento è riscaldato allo stesso modo, solo che al posto della legna si usano tubi di riscaldamento a gas o elettrici. Molto più sicuro!

Cultura del pavimento

La cosa più importante da sapere quando si visita una persona a casa è che bisogna togliersi le scarpe. All'ingresso ci sarà uno spazio per riporre le proprie calzature e, durante la visita, potrebbero esservi date delle pantofole o dei calzini. Per secoli i coreani si sono seduti per terra e hanno anche dormito lì (molti oggi vivono in modo più occidentale), quindi i pavimenti puliti erano e sono tuttora un must. Inoltre, ricordate di portare un regalo (vedi capitolo 1) per ringraziare l'ospite dell'invito.

Personalmente, fin da bambina ho preferito sedermi sul pavimento che su un divano o su una sedia – penso di essere stata una persona che ha ascoltato il proprio corpo fin da subito. In Corea mi sono entusiasmata perché mi sono trovata in mezzo a persone che si siedono abitualmente sul pavimento e non indossano le scarpe in casa – un'altra ragione per la quale mi sono sentita subito a mio agio.

Ci sono molti benefici fisici nel sedersi sul pavimento. Migliora la forza degli addominali, la salute delle anche e della schiena e la longevità complessiva. Io leggo e guardo ancora la tv seduta sul pavimento. Suggerisco di provare a sedersi sul pavimento per cinque, dieci minuti per volta. Leggendo il giornale o guardando la tv sul pavimento, rafforzerete automaticamente il vostro corpo, che lavorerà senza che ve ne accorgiate.

Anche alzarsi dal pavimento è un ottimo esercizio: sollevarsi da seduti senza alcun supporto rafforza i muscoli e migliora l'equilibrio.

Mobili nascosti

Potreste rimanere sorpresi entrando in una casa coreana, perché l'arredamento può essere piuttosto minimale. La prima volta che sono entrata in una casa tradizionale mi sono messa a ridere, perché tutti i mobili erano nascosti in un armadio e venivano tirati fuori solo all'occorrenza. Come ho già detto, per anni mi sono interrogata sulla quantità di mobili della quale avevo bisogno. I miei amici mi hanno sempre esortato ad ammobiliare il mio appartamento, ma io preferisco le stanze vuote.

Ciò non significa che i coreani non abbiano arredi elaborati. Un museo da non perdere è il *Korea Furniture Museum* di Seoul. Inaugurato nel 1993, questo museo privato espone la collezione privata di Chyung Mi-sook, che ha raccolto circa duemilacinquecento pezzi di mobili antichi coreani e articoli per la casa dell'epoca Joseon (1392-1910) che facevano parte della vita quotidiana della nobiltà.

Sono stata molto fortunata a sapere del Museo del Mobile perché è una gemma nascosta che non si trova sulle guide turistiche; per visitarlo, bisogna prenotare in anticipo sul loro sito web. Anton Hur, un traduttore premiato con cui lavoro, mi ha esortata ad andare, assicurandomi che ne sarebbe valsa la pena. Il museo si trova su una collina nel villaggio di Seongbuk-dong, a nord di Seoul, così ho preso un taxi e ho percorso una strada tortuosa in mezzo a quella che sembrava una foresta.

Situato dietro a un muro di pietra, solo dopo essere passati attraverso il cancello ci si rende conto che la collezione del museo, dieci *Hanok* e un sontuoso edificio principale, è distribuita in modo da formare un piccolo villaggio così da raffigurare il modo in cui la nobiltà coreana viveva ai tempi della dinastia Joseon.

Ho visitato le camere da letto, i salotti, le cucine, gli alloggi delle donne e degli uomini. C'erano librerie della dinastia Joseon risalenti al XVIII e al XIX secolo, piccoli tavoli da pranzo e cassapanche, alcuni intarsiati di madreperla e tutti intagliati per evidenziare le venature del legno. Poiché sedersi a terra era una tradizione, le scrivanie erano costruite più basse e progettate per assecondare le dimensioni delle finestre. I paraventi ornati erano decorati con intricati motivi di uccelli, fiori di giglio e altri simboli coreani.

Non andate via prima di aver attraversato la porta di pietra di *Bullomun*. Piantata nel terreno, è stata soprannominata la porta della vita eterna: si dice che chi la varca ringiovanisca di dieci anni.

Esiste una funzione migliore per un cancello?

Museo del Mobile della Corea
Indirizzo: 121 Daesagwan-ro, Seongbuk-gu, Seoul
Tel.: +82 2-745-0181
Sito web: www.kofum.com

Giovane amore

Poiché la vita coreana è così incentrata sulla famiglia (si veda il capitolo 4) e i giovani tendono a vivere a casa con i genitori piuttosto che trasferirsi in dormitori o appartamenti universitari, la privacy costituisce un grande problema.

Dove trovarla quando se ne ha bisogno? Quando i giovani escono insieme, come possono entrare in intimità se i genitori sono lì in casa a guardare la tv?

Per ogni problema c'è una soluzione!

Benvenuti nel mondo dei *Love Hotel*, un'offerta unica per le giovani coppie in Corea. Questi hotel sono spesso a tema (sala giochi, spa, hip-hop) e possono essere affittati per una notte o per un certo numero di ore. Alcuni *Love Hotel* offrono sia camere coreane (stuoia e coperte) sia camere occidentali (letto). Molti hanno un arredamento coloratissimo, simile a quello dei cartoni animati: si può dormire in una gigantesca scarpetta di vetro o in una scatola di patatine fritte.

I motel dell'amore si trovano in tutta la Corea, spesso in quartieri affollati dove c'è molta vita notturna. Per mantenere la privacy, le coppie possono prenotare una stanza online o pagare attraverso un chiosco elettronico all'ingresso. I vostri genitori non lo sapranno mai.

Lezioni da una casa coreana

- Adottate la pratica di sedervi sul pavimento invece che su sedie e divani. Rafforzerete gli addominali e vi farà sentire giovani!
- Liberate i piedi. Toglietevi sempre le scarpe quando entrate in casa o visitate qualcuno. Non è il caso di portare lo sporco esterno all'interno.

- *Meno è meglio*. Eliminate il disordine per creare tranquillità nella vostra casa.
- Aprite le finestre in inverno e in estate per far entrare l'aria fresca.
- Se vivete in un appartamento, portate l'esterno all'interno con fiori e piante: studi hanno dimostrato che agiscono come filtri dell'aria e possono migliorare l'umore.
- Alle pareti incorniciate fotografie o poster di ambienti naturali per aggiungere serenità alla stanza.
- Puntate su materiali naturali come il legno e la ceramica. Questi materiali sostenibili ci mettono in armonia con la natura.
- Gustatevi il tè rendendolo una piccola cerimonia, anche se è per voi stessi. Usate una tazza e posate speciali. Assaporatelo, non ingollatelo.

Ricetta

RISO CON SALSA DI SOIA ALL'UOVO

Ricetta di *Won-pyun Sohn,* autrice di *Almond*

La mia amica e cliente Won-pyun ha sempre cucinato tantissimo, ma mi ha confessato che ultimamente i suoi sforzi si sono diretti su ricette più semplici, come questa.

«Il riso con salsa di soia all'uovo è un piatto coreano popolare, delizioso e facile da fare, che non richiede nessun ingrediente speciale così che tutti possano cucinarlo senza brancolare per la cucina. Questa è la ricetta perfetta per coloro che vogliono provare in prima persona un piatto coreano fatto in casa, soprattutto se si prova per la prima volta», dice. «Il riso con salsa di soia all'uovo è un piatto umile: non è niente di più che riso cotto al vapore con salsa di soia e olio di sesamo, con un uovo strapazzato o all'occhio di bue; ma è anche per questo che ha un posto speciale nel mio cuore. La prima volta che mi ci sono imbattuta era in questa tavola calda coreana, e mi ha colpito dopo la prima cucchiaiata – è il piatto coreano più semplice! Ed è perfetto per chiunque di voi voglia entrare nel mondo della cucina coreana».

Ingredienti

200 g di riso
2 uova
2 cucchiai di salsa di soia
1 cucchiaio di olio di sesamo

Preparazione

1. Preparate il riso al vapore e mettetelo in una ciotola. Aggiungetevi la salsa di soia e l'olio in modo da ungere tutti i chicchi. Se vi piace il cibo piccante, potete aggiungere un cucchiaio di pasta di peperoncino.
2. Ora preparate il tipo di uovo cotto che preferite: può essere al tegamino, all'occhio di bue, strapazzato, o qualsiasi altra cosa.
3. Mettete l'uovo cotto sopra il riso condito.

Se vi aggiungete delle verdure cotte, il piatto può diventare un *bibimbap*. Quindi si può considerare il riso alla salsa di soia all'uovo una sorta di *bibimbap*... minimalista.

4

Famiglia

가족

GAJOK

Famiglia

가족

gajok

Destinazione: Zdm 비무장 지대

La Grande Divisione

Riuscite a immaginare di essere separati da vostro figlio per più di mezzo secolo? O di vedervi strappare dalle braccia vostra madre, vostro fratello, vostro padre, i vostri nonni o il vostro migliore amico, per non rivederli mai più?

È quello che è successo e sta succedendo oggi tra la Corea del Nord e la Corea del Sud nella Zdm, la zona demilitarizzata lungo il confine tra Nord e Sud. È il vivido ricordo del disastro della guerra di Corea e delle continue tensioni tra le due parti.

Una rapida ma importante lezione di storia. La Corea è l'unico Paese al mondo diviso a metà – Nord e Sud. È stata un unico Paese sotto la dinastia Joseon dal 1392 al 1910, quando è stata annessa dal Giappone fino al 1945, per poi essere divisa dopo la Seconda guerra mondiale dalle potenze alleate in seguito alla resa delle truppe giapponesi. Il Nord fu occupato dall'Unione Sovietica mentre il sud dagli Stati Uniti. Le ideologie opposte delle due superpotenze hanno gettato le basi per l'ostilità tra il Nord e il Sud. L'intensificarsi delle tensioni sfociò nella Guerra di Corea (1950-1953) che si concluse in uno stallo.

La Zdm fu stabilita nel 1953 con l'armistizio che segnò la fine guerra: è un confine lungo 250 chilometri e largo quattro che divide il Paese, composto da alte recinzioni di filo spinato e torri di guardia presidiate da soldati armati. Negli anni vi sono stati incidenti occasionali e schermaglie tra le due parti, alcune delle quali piuttosto serie.

La vicinanza geografica tra questi due mondi drammaticamente in contrasto, Nord e Sud, è sconvolgente. La Zdm dista solo una trentina di chilometri dal centro di Seoul, un Paese democratico dove tutti hanno la libertà di ascoltare la band K-pop BTS, indossare jeans e usare internet. Appena oltre il confine, milioni di loro compatrioti hanno fame e sono schiavi di un leader totalitario. Questa cruda differenza tra libertà e schiavitù è palpabile – pulsa nell'aria e attraverso il paesaggio.

Per capire veramente la Corea bisogna vedere la Zdm, perché il trauma e il dolore della guerra di Corea e della separazione tra Nord e Sud si riverberano ancora in ogni famiglia, nei film, nella televisione e nella letteratura. Won-pyun Sohn, la giovane autrice del bestseller *Almond*, mi ha raccontato che le vicende di uno dei personaggi principali si basano sulla storia di sua nonna, che dopo la guerra ha camminato dal Nord al Sud con la madre in braccio.

La separazione del Paese è così complicata e dolorosa che oggi molti coreani dicono che è troppo difficile parlarne. Le giovani generazioni di sud-coreani hanno pochi legami al Nord e il sogno di una Corea unificata sta diventando sempre più lontano. Questa Corea divisa è un esempio bruciante di *Han*, la disperazione e il dolore che hanno diviso le famiglie per generazioni.

Per quasi settant'anni, fratelli e sorelle sud-coreani, madri e padri, cugini e nipoti hanno affisso messaggi di speranza e di pace sulla recinzione e striscioni sul Ponte della Libertà (che collegava la Corea del Nord e la Corea del Sud per lo scambio di prigionieri, ora chiuso) per inviare messaggi d'amore alle loro famiglie separate dalla guerra.

Un turista del disastro

È possibile visitare la Zdm, ma è necessario rivolgersi a una compagnia turistica autorizzata e portare con sé il passaporto e i documenti di identità.

Era una gelida mattina di gennaio di dieci anni fa quando ho visitato la Zdm per la prima volta. Non c'erano quasi visitatori: solo io e quattro giapponesi.

Abbiamo viaggiato su un autobus da Seoul e prima di arrivare al confine tra Nord e Sud siamo stati trasferiti su un mezzo militare. A bordo ci è stata impartita una lezione estremamente severa e ci sono state date istruzioni sulla nostra visita. Innanzitutto, niente macchine fotografiche: i soldati nord-coreani ci avrebbero sparato e avrebbero potuto legittimamente farlo se ci avessero colti in flagrante. Siamo stati avvertiti di non fare gesti con le braccia e con le mani verso il confine settentrionale, a pochi centimetri da dove ci saremmo trovati. Potevamo essere colpiti e uccisi se un soldato nord-coreano avesse visto un gesto da parte di qualcuno. Era già successo in passato.

Abbiamo appreso dell'assassinio di due soldati statunitensi nel 1976, un ammonimento sul fatto che tutto può sfociare in violenza nella Zdm. Ci hanno raccontato che, dopo un vertice di pace tra il Nord e il Sud, fu piantato un pino. Qualche giorno dopo, due soldati statunitensi stavano tagliando i rami che bloccavano la vista da uno degli uffici. Dal nulla, due soldati nord-coreani si avvicinarono e li uccisero a colpi di ascia, un incidente che per poco non causò una guerra. Per fortuna è stata evitata, ma la Zdm è un luogo pericoloso dove tutto può accadere.

Mentre ci avvicinavamo, ho visto soldati di stanza in formazione con fucili e carri armati. Non ero mai stata in una zona di guerra attiva nella mia vita ed è stato scioccante.

Così, con trepidazione ma anche con un senso di avventura e di audacia, sono entrata nell'Area di sicurezza congiunta. È l'unico posto in cui si può entrare liberamente in Corea del Nord, attraverso una piccola sala di negoziazione che fa parte del complesso dell'ex villaggio di Panmunjom. È composta da diversi edifici blu dai colori vivaci che assomigliano alle proprietà del Monopoly.

L'edificio che contiene la sala conferenze centrale, dove si sono svolti i colloqui di pace, è aperto al pubblico. All'interno c'è un tavolo di legno con un soldato sud-coreano a un'estremità e uno nord-coreano all'altra. Il confine corre in realtà lungo il centro del tavolo, quindi quando ci si cammina intorno dal lato nord, si entra sostanzialmente in Corea del Nord.

Il soldato del Nord era così rigido che mi sembrava di essere in un film di Hollywood e che la sala dei negoziati fosse un set cinematografico.

È stata una visita cupa. Ho camminato fino al Ponte della Libertà e ho visto gli striscioni, le lettere, i ricordi e i regali appesi alla recinzione di filo spinato. Ho letto le lettere e guardato le foto ingiallite lasciate dai sud-coreani che pregavano per le loro famiglie rimaste al Nord. Il dolore delle persone che sono state separate era tangibile.

Qualche anno dopo, ho avuto l'onore di rappresentare un libro intitolato *The Accusation* di uno scrittore nord-coreano di nome Bandi (uno pseudonimo), che è stato portato clandestinamente fuori dal Nord.

Il libro descrive la vita quotidiana delle famiglie nord-coreane ed è straziante nell'evocare le loro sofferenze sotto il regime totalitario. *The Accusation* è stato pubblicato in più di quindici Paesi e ho ritenuto che il modo migliore per onorare questo lavoro fosse quello di portare gli editori stranieri alla Zdm e leggere il libro insieme, inviando un messaggio di speranza oltre il confine.

Il mio sogno di portare gli editori di Bandi da lui (il più vicino possibile) si è realizzato e, in una splendida giornata autunnale, i quindici editori internazionali e io ci siamo riuniti sul Ponte della Libertà e abbiamo letto il libro in svedese, olandese, finlandese, italiano, inglese, spagnolo, francese, russo, danese, coreano e altre lingue. Ci siamo abbracciati e abbiamo pianto. Le nostre voci sono diventate un coro lirico che canta per la libertà.

Dal 1985 circa quarantaquattromila famiglie sono state autorizzate a riunirsi grazie ai programmi di ricongiungimento familiare. I membri della famiglia vengono scelti tramite una lotteria, e per loro deve essere come vincere miliardi. L'ultima volta che si è tenuta una lotteria per il ricongiungimento è stato nel 2018, quando ottantanove sud-coreani e ottantatré nord-coreani si sono riuniti con i membri delle loro famiglie per tre giorni. Si sono scambiati foto e regali, oltre alle lacrime e alla dolorosa consapevolezza che probabilmente non si sarebbero più incontrati.

Zdm come Disneyland

Nella Zdm oggi si possono trovare attrazioni, giochi, ristoranti e negozi, essendo diventata un punto di interesse turistico con 1,2 milioni di visitatori all'anno. Oltre al Ponte della Libertà (che attraversa il fiume Imjin e collega il Sud al Nord), è possibile visitare anche il Dorasan Peace Park (dedicato alla riunificazione) e l'Osservatorio di Dora, che permette di usare dei telescopi per guardare la Corea del Nord. Si può fare un giro in gondola della pace attraverso il fiume Imjin e si può, come ho fatto io, percorrere i massicci tunnel di infiltrazione.

Costruiti per spiare il Sud, i tunnel sono stati scoperti solo negli anni Settanta, dopo che un disertore nordcoreano ne ha riportato l'esistenza, a soli due chilometri dall'Area di sicurezza congiunta a Panmunjom. Oggi potete indossare elmetti protettivi e scendere lungo una ripida rampa nel tunnel, a 47 metri di profondità – e risalire è molto più difficile che scendere!

Il tunnel è abbastanza largo per permettere il passaggio di carri armati e altri trasporti militari. Più ci addentravamo nelle profondità del tunnel, più riuscivo a figurarmi l'invasione. L'aria era gelida e la mia ansia aumentava esponenzialmente insieme alla mia occasionale claustrofobia. Mi è sembrato di camminare per un tempo infinito. Fino a quando, finalmente, siamo arrivati alla fine del tunnel, cementata e bloccata dai nord-coreani. Ho posato la mano su quel confine duro come roccia, nervosa al pensiero che a pochi metri di distanza ci fosse il Nord.

Poi, con mia grande meraviglia, ho notato una piccola fontana con un cartello che invitava i visitatori a bere. Si dice che l'acqua della fontanella, chiamata *Manghangsu*, «acqua della nostalgia», possa alleviare il dolore di coloro che vengono fino a qui per vedere la loro madrepatria divisa. L'acqua proviene da una sorgente sotterranea, incontaminata dall'uomo. L'ho assaggiata, ed era pura e fredda. Posso sentirne ancora il sapore in bocca.

Inizialmente ho trovato un po' strana l'idea della Zdm come attrazione turistica. Ma tornando a Seoul sul bus militare, ho riflettuto sul suo potenziale: se un giorno avverrà la pace o la riunificazione, avremo la possibilità di vedere cosa ne è stato del fazzoletto di terra immacolato all'interno della zona. Poiché per decenni la sua flora e la sua fauna sono rimaste indisturbate, è diventato ironicamente un giardino dell'Eden (vedi capitolo 5).

Ora penso che visitare la Zdm sia un'occasione importante per istruirsi sulla guerra di Corea e riflettere sulla tragicità della situazione. Può essere che la commercializzazione della ZMD permetta un allentamento delle tensioni e aiuti i due Paesi a firmare un trattato di pace ponendo fine alla guerra. È un inizio. Lo vedo oggi come un segnale molto positivo.

I valori della famiglia coreana

La cosa più importante per i coreani è la famiglia, sia la propria che quella dei connazionali, considerati una famiglia allargata. Questa credenza è radicata negli insegnamenti di Confucio (VI secolo a.C.), che insegnava che se la vita familiare era forte e felice, lo era anche il Paese. L'armonia familiare era, ed è, tutto.

La tradizione confuciana stabiliva che nelle famiglie coreane il padre fosse il capofamiglia e prendesse tutte le decisioni. Tutte le generazioni dovevano vivere insieme e per questo il rispetto verso gli anziani era capitale. Uomini e donne avevano dei ruoli definiti – le madri si prendevano cura dei bambini e della casa, i padri lavoravano nei campi. I figli vivevano con la famiglia fino al matrimonio, momento in cui le figlie andavano a vivere con i suoceri (penso che questo sia stato causa di molti attriti anche nei secoli passati!). Il figlio maggiore si doveva prendere cura dei genitori una volta anziani, e celebrava i rituali del lutto dopo la loro morte, quando ereditava la fortuna e la guida della famiglia.

Famiglie del XXI secolo

L'aspro individualismo tanto apprezzato in alcune culture occidentali non trova spazio nella vita coreana. Al contrario, le famiglie coreane praticano gli insegnamenti confuciani dell'interdipendenza familiare, del dovere e del rispetto per gli anziani, con alcuni cambiamenti che si fanno spazio nella vita moderna.

Oggi ci si prende ancora molta cura degli anziani e anche degli antenati. È considerato disdicevole trattare male gli anziani o i nonni. Quando si pranza con la famiglia e gli ospiti, i nonni e le persone più anziane a tavola iniziano a mangiare per primi. La stessa riverenza è destinata agli antenati: le cerimonie di rito ancestrale, *Jesa*, si tengono in occasione di anniversari e festività importanti come il Capodanno lunare. Si prepara un banchetto in loro onore, si accende l'incenso e si recitano preghiere.

Dato che oggi le persone lavorano molto, è diventata un'abitudine curiosa per le famiglie commissionare i banchetti ai monaci buddisti dei templi, che sono pagati per preparare banchetti ancestrali e pregare per gli antenati a nome loro – i luttofili professionisti sono comuni in Asia e in Corea.

Oggi, anche se la maggior parte dei coreani vive in città moderne e la vita urbana è la norma, dove possibile i suoceri vivono ancora con i figli e i nipoti sposati. In America questa situazione verrebbe trasformata in una sitcom, mentre in Corea è il soggetto di numerosi K-drama. Le donne di casa si prendono cura degli anziani e il ricovero dei genitori o dei nonni in una casa di riposo è raro.

L'istruzione è la priorità numero uno nella vita familiare coreana per adulti e bambini. Credo che l'educazione dei bambini e il valore attribuito ai libri, alla poesia, ai dibattiti e alle discussioni siano uno dei motivi per cui la Corea si è sviluppata così rapidamente negli ultimi decenni.

Mentre un tempo i matrimoni combinati erano comuni, oggi sono le unioni mosse dal sentimento ad andare per la maggiore, anche se l'apporto della famiglia è ancora importante. In Corea si dice che il matrimonio non riguarda solo la coppia, ma un'unione di famiglie e, per questo, è meglio che tutti i valori siano allineati.

I giovani coreani, tuttavia, si prendono il loro tempo per frequentarsi. Prima c'è un periodo in cui si diventa amici e ci si conosce, poi si può iniziare ufficialmente una relazione. Mi sembra un modo di fare molto intelligente. Nel nostro mondo frenetico guidato da internet e dai social media, le persone pensano di conoscersi attraverso un tweet o un post... ma non è così.

Il centesimo giorno di frequentazione è considerato il primo anniversario di coppia ed è il momento in cui ci si scambiano degli anelli.

Oggi c'è più uguaglianza tra moglie e marito rispetto alle generazioni precedenti. L'idea che solo gli uomini possano gestire la famiglia non è più la regola. Inoltre, una cosa che non si trova in Corea è una moltitudine di asili nido e di scuole materne: sono i nonni a prendersi cura dei loro nipoti.

Ho scoperto che molti giovani vivono a casa con i genitori fino al matrimonio, o almeno fino ai venticinque anni. Questo è molto diverso dalla vita in Occidente, dove i figli lasciano la casa a diciotto anni per studiare o diventare indipendenti dalla famiglia. In Corea il coinvolgimento dei genitori nella vita e nel futuro dei figli è profondo, e naturalmente gli ultimi tendono a compiacere e onorare i primi.

L'aspetto interessante della vita coreana è che i termini *famiglia* e *casa* sono sinonimi. Oggi, quando i figli si trasferiscono per sposarsi o lavorare in città, la casa di famiglia originaria è ancora considerata la loro «casa». Poiché le abitazioni vengono ereditate dal figlio maggiore e non lasciano la famiglia (come nella pratica inglese della primogenitura), tutti i parenti avranno sempre una casa da considerare propria.

Ricordate l'ultima volta che vi siete candidati per un lavoro? Ciò che contava era la vostra precedente esperienza lavorativa e il successo nel vostro ruolo. In Corea, la cosa più importante nel vostro curriculum è... la vostra famiglia. In tutte le richieste di ammissione a scuola e di lavoro, le prime domande che vengono poste sono: «Chi è tuo padre, tua madre, dov'è la casa di famiglia? Cosa fanno?».

Le domande sulla vostra famiglia vengono prima di tutto. Questo ovviamente comporta delle complicazioni: gli orfani, per esempio, possono perdere molte opportunità proprio perché non possono fornire il loro background famigliare.

Noi siamo uno

I coreani sono particolari perché considerano i loro connazionali come una famiglia allargata. Ogni bambino è prezioso e gli amici e i vicini sono considerati come una famiglia, una tendenza dovuta forse all'oppressione e agli attacchi di cinesi e giapponesi, e ai secoli in cui i coreani hanno patito privazioni e perdite umane. Hanno spesso dovuto contare gli uni sugli altri per sopravvivere, e oggi la filosofia della «nazione di famiglie» ha permesso ai coreani di prosperare in termini di posizione culturale ed economica nel mondo.

Legami familiari

L'attenzione coreana per la famiglia può anche essere qualcosa di molto complicato e fonte di dolore per chi non proviene da una struttura familiare tradizionale.

A causa dell'enfasi confuciana sulle linee di sangue ancestrali, l'adozione in Corea è raramente praticata. Ho sentito parlare di genitori coreani che hanno adottato in segreto a causa del tabù sociale.

Dopo la guerra di Corea, molti bambini orfani e abbandonati sono stati adottati da famiglie negli Stati Uniti e in Europa. Ma nel 2011 la legge è stata modificata per rallentare le adozioni straniere e favorire quelle nazionali, in modo che i bambini rimanessero all'interno del Paese. I coreani, infatti, erano in imbarazzo a essere una nazione così ricca che all'apparenza permetteva l'esportazione dei bambini. Tuttavia, la riluttanza ad adottare e la riduzione delle adozioni internazionali hanno fatto sì che gli orfanotrofi siano ancora colmi di bambini che i coreani non vogliono, ma che contemporaneamente non possono trovare una famiglia oltreoceano.

Oggi c'è una spinta per incoraggiare le adozioni e ridurre lo stigma che le donne provano nei confronti della crescita dei figli senza un partner.

Un'altra questione complessa in Corea è l'orientamento sessuale. Quando si tratta della comunità LGBTQIA+, la Corea è indietro e decisamente conservatrice rispetto a molte nazioni. Ho visto come alcuni giovani adulti e ragazzi facciano di tutto per nascondere il loro orientamento sessuale ai genitori e alla società. Mi chiedo se questo derivi dal fatto che i genitori desiderano che i figli rispettino la struttura della famiglia tradizionale, perché un tempo era l'unico mezzo che garantiva la sopravvivenza.

In Corea non è permesso nessun tipo di matrimonio omosessuale e alle persone LGBTQIA+ è proibito il servizio militare. Fino ad aprile 2022, i tribunali appoggiavano la prigione per i soldati gay, sebbene la Corte Suprema della Corea abbia recentemente stabilito che, al di fuori delle basi militari, i rapporti sessuali tra soldati non possono essere oggetto di persecuzione. Questo è un grande passo avanti per i diritti LGBTQIA+ in Corea.

Sebbene i coreani non riconoscano il matrimonio per le coppie dello stesso sesso, ho amici coreani omosessuali che sono sposati e c'è una comunità in crescita che li supporta. Sempre più coreani fanno coming-out, però la maggior parte di loro tiene nascosto il proprio orientamento sessuale alle famiglie e ai colleghi, anche se le nuove generazioni sono più tolleranti.

Un grande passo avanti è avvenuto nel 2022, quando dei candidati LGBTQIA+ si sono presentati in alcune elezioni locali coreane, con l'obiettivo di dare più visibilità alla comunità e di partecipare ai processi decisionali.

In Corea, i turisti omosessuali molto aperti sulla loro sessualità dovranno aspettarsi reazioni scioccate e addirittura ostili da parte della gente del luogo.

Paradossalmente è comune che due eterosessuali dello stesso genere si tengano spesso la mano e si dedichino a dimostrazioni d'affetto in pubblico. Quando sono in viaggio con Kyung-sook o quando semplicemente facciamo un giro insieme per Seoul, lei mi tiene sempre per mano o a braccetto. È una tradizione deliziosa con la quale sono venuta in contatto solo in Corea.

Le città di Seoul, Busan e Daegu hanno tutte dei quartieri gay-friendly con discoteche e bar, ma tengono comunque un profilo basso. Chiedete ai vostri amici coreani dei consigli. Esiste il Queer Culture Festival e diverse agenzie di viaggi che sono specializzate nei viaggi omosessuali e che vi consiglio di contattare se volete godervi la scena gay coreana.

Sono entusiasta che nel mondo della letteratura, libri e autori LGBTQIA+ siano molto ricercati. Il romanzo *Love in the Big City* di Sang Young Park (traduzione di Anton Hur) tratta di un ragazzo gay alla ricerca della felicità a Seoul ed è diventato un vero bestseller internazionale. *Violets*, di Kyung-sook Shin, racconta invece la storia di una giovane donna la cui vita va in frantumi quando viene lasciata dalla sua amante. Il libro ha raccolto alcune delle migliori recensioni dell'intera carriera dell'autrice in Gran Bretagna e Stati Uniti, e in Corea se ne prepara la seconda edizione.

La Corea ha sicuramente tanta strada da percorrere quando si parla di diritti gay e accettazione, ma penso che la letteratura stia facendo la sua parte.

Patrioti d'oro

Nel 1997 la crisi finanziaria asiatica è arrivata alle porte della Corea, mandando quasi in bancarotta il Paese. Il Fondo Monetario Internazionale è intervenuto in soccorso con un prestito di salvataggio di 58 miliardi di dollari. Immediatamente il governo coreano ha lanciato un piano per ripagare il prestito. Ciò che ne è seguito è stata la lezione definitiva di *Jeong*.

Nel 1998, il governo ha invitato i cittadini coreani a vendere (a prezzi inferiori a quelli di mercato) o a donare oro per la causa. L'oro è molto importante nella cultura coreana e viene utilizzato come regalo per tappe fondamentali della vita come compleanni, matrimoni o pensionamenti. Subito dopo l'appello, 3,5 milioni di coreani hanno venduto e donato gioielli, trofei, medaglie e lingotti d'oro per il Paese.

Per la campagna «Raccogli l'oro per amore della Corea», gli atleti hanno donato medaglie, le famiglie hanno donato fedi nuziali e le imprese le loro chiavi d'oro portafortuna. Il cardinale Kim, ex arcivescovo di Seoul, ha donato la sua croce d'oro dell'investitura.

Complessivamente i coreani hanno donato 2,2 miliardi di dollari in oro, tutti fusi in lingotti e utilizzati per pagare una parte del debito. Hanno lavorato insieme come una grande famiglia per salvare l'economia e si sono sacrificati per il futuro del loro Paese.

Lezioni dalla famiglia coreana

- Coltivate i vostri legami familiari (sì, anche i suoceri!), sono le vostre fondamenta e la vostra sicurezza. E quando parlo di famiglia mi riferisco non solo a quelle biologiche, ma anche a quelle che creiamo con i nostri amici. Una base solida ci renderà più forti e di successo.
- Non aspettate a esprimere i vostri sentimenti alla famiglia perché la vita è fugace.
- Onorate e curate i vostri anziani e capite che è vostro dovere prendervi cura di loro. Adottate un amico anziano! Fate amicizia con persone di tutte le età: vi renderà più equilibrati, empatici, intelligenti e felici.
- I vostri connazionali sono la vostra famiglia allargata: si ha successo solo se si ha successo insieme.

Ricetta
ZUPPA FREDDA DI NOODLES ALL'ALGA ROSSA

Ricetta orale registrata da *Ha Mi Hyun*

Ha Mi Hyun è una donna in missione. Dopo un lungo soggiorno in un tempio di Mungyeong, l'ex direttrice artistica è diventata ossessionata dai sapori e dai benefici per la salute del cibo servito al tempio. Ha scoperto che non solo questi piatti deliziosi erano fatti con ingredienti raccolti la mattina stessa, ma che la maggior parte delle ricette erano state tramandate per generazioni tra monaci, contadini e abitanti del villaggio, senza però venire mai registrate. Lasciato il tempio, Ha, cresciuta a Busan, ha deciso di raccogliere queste ricette orali locali in modo che prendessero il posto che gli spettava nella cucina coreana. Nel 2015 ha fondato la Spoken Company, dedicata alla conservazione e alla condivisione di queste ricette regionali uniche, dai ravioli al *kimchi*.

Finora ha svolto ricerche sul campo in oltre settanta regioni della Corea e ha registrato più di quattrocento ricette, ora raccolte in un libro. Mi piace che Ha descriva il suo lavoro come quello di «buongustaia del passaparola». Ma soprattutto, vedo come lei e il suo progetto Spoken Recipe rappresentino il cuore della cultura coreana: la natura che si fonde con il gusto e la raffinatezza nel modo più unico ed eterno.

Ingredienti

150 g di alghe rosse (alga agar-agar)
10 g di erba cipollina
150 g d'acqua
1 cucchiaio di farina di malto
½ cucchiaio di salsa di soia
1 cucchiaio d'aceto
Zucchero di canna

Preparazione

1. Bollite le alghe rosse per un'ora, tenendole sempre sommerse.
2. Delicatamente, usando un colino, separate le alghe rosse e l'acqua di cottura. Gettate le alghe e tenete l'acqua da parte.
3. Mantenete l'acqua a temperatura ambiente per un'ora. Diventerà un blocco gelatinoso.
4. Tagliate il blocco in striscioline e sminuzzate l'erba cipollina da usare come condimento.
5. Mescolate 150 grammi di acqua, la farina di malto e la soia: questo sarà il vostro brodo.
6. Mettete le strisce gelatinose sul fondo del brodo e condite il tutto con l'erba cipollina.
7. Aggiungete altri condimenti come aceto, zucchero o altre spezie.

5

NATURA

자연

JAYEON

Natura
자연
jayeon

Destinazione: Parco nazionale di Seorakson 설악산 국립공원 Museo SAN, Oak Valley, Wonju 산 박물관과 떡갈나무 마을 원주

Tre per la strada

Ammetto di essere molto fortunata ad avere amici coreani che condividono il mio senso dell'avventura. Quando si trattava di viaggiare, la mia amica scrittrice Kyung-sook Shin, il mio agente coreano Joseph Lee e io diventavamo i tre moschettieri. Mi hanno portata in tanti posti incredibili ed erano sempre entusiasti di unirsi a me per visitarne altri. Un giorno, dopo aver sentito parlare del Museo SAN – un museo dedicato alla natura – ho sentito che dovevo visitarlo nonostante si trovasse a due ore da Seoul. Li ho chiamati e *voilà*: eravamo in viaggio!

Era inverno e le montagne erano scure ma con le cime imbiancate dalla neve. Come al solito, il cielo era di quel colore che io chiamo blu coreano. Pensate al blu technicolor e avrete la sfumatura che intendo. Guidare per ore con amici meravigliosi, che sono anche degli ottimi conversatori, rende ogni viaggio il migliore del mondo.

Alla fine siamo arrivati sulla cima dei monti Wonju, nella Oak Valley.

Costruito dal famoso architetto giapponese Tadao Ando, l'edificio è spoglio, slanciato e si fonde con la natura come se ne facesse parte da sempre. Ed è proprio questo lo scopo del museo: celebrare, assorbire, meditare e diventare un tutt'uno con la natura. Il motto del museo è «disconnettersi per connettersi» e non potrebbe essere più azzeccato.

Prima di entrare nell'edificio di vetro e cemento, abbiamo passeggiato lungo i sentieri di pietra che attraversano il Giardino di Pietra e abbiamo ascoltato il canto buddista tra gli alberi. Il cinguettio di piccoli uccelli ci ha accompagnato mentre entravamo nel mondo del Giardino, composto da nove tumuli di pietra ispirati alle tombe del regno di Silla (57 a.C.–935 a.C.). I tumuli assomigliavano a morbide onde oceaniche e mi ricordavano le sculture di Maya Lin. Erano leggermente spolverati di neve e vi abbiamo posato le mani, lasciandovi le nostre impronte.

Un parco acquatico circonda il museo e l'acqua riflette il paesaggio e il giardino fiorito. Ho potuto solo immaginare quanto potesse essere colorato in estate, quando tutto è in fiore.

Il vero punto di forza del museo è la mostra permanente di James Turrell sulla luce e lo spazio. Come Christo, questo artista trasforma la terra stessa e ci mostra la natura come non l'abbiamo mai vista prima. Qui Turrell ha costruito stanze di forme e dimensioni diverse con luci e colori mutevoli; un'esperienza completamente trasformativa. La luce si sposta e rimbalza, si ha l'impressione di salire una scala o di arrivare alla fine di un muro, per poi scoprire di essere su una terrazza che si affaccia sull'intera valle!

Non ci sono mai stata dopo il completamento della *Meditation Hall*, ma è sulla mia lista per la prossima visita. Quest'ultima è stata costruita come un bozzolo di serenità e silenzio, dove i visitatori possono meditare e seriamente disconnettersi per connettersi.

Museo SAN
Indirizzo: 260 Okeubaelli 2-gil, Jijeong-myeon, Weonju, Gangwon-do
Tel.: +82 33-730-9000
Sito web: http://www.museumsan.org

Armonia perfetta

Ricordo che durante uno dei miei viaggi rimasi ipnotizzata da un antico vaso lunare in ceramica nel Museo d'Arte di Seoul. Sembrava così naturale, come se fosse germogliato da un seme. Il vaso, una sfera perfetta, così liscia e rotonda, presentava però una piccola rientranza sul labbro. Un errore?

«L'imperfezione è perfezione. È stata realizzata così intenzionalmente», mi ha spiegato il mio amico coreano.

In Corea, la bellezza naturale è il più alto ordine di bellezza. I coreani hanno a cuore la natura in tutte le sue variazioni, dallo *Han* di una tempesta allo *Heung* della stagione dei ciliegi in fiore. Ovunque si vada, si vede e si sente la loro riverenza per il mondo naturale.

Circa il 70 per cento del territorio coreano è montano, quindi non è sorprendete che l'escursionismo sia il loro passatempo nazionale. *Heung*, la gioia, si trova camminando sulle montagne.

Mentre i giapponesi limitano la natura con i bonsai e i cinesi preferiscono racchiuderla tra alte mura, la filosofia coreana è quella di vivere in armonia con essa. Tutti i giardini coreani che visiterete si concentrano sulla bellezza naturale. Allontanarsi dalla natura significa disonorarla.

In ogni giardino, l'affinità con la natura, con l'acqua, il legno e la pietra è il principio guida. La casa tradizionale coreana, l'*Hanok*, è sempre stata costruita con grandi finestre panoramiche per celebrare il mondo naturale e la sua bellezza.

Preparate il pranzo e iniziate a camminare

I coreani amano andare in montagna e fare escursionismo. Due coreani su tre possiedono scarpe da trekking! Una cosa che sorprende i turisti è la serietà con cui prendono questa attività. Niente pantaloncini e scarpe da ginnastica: a loro piace indossare abiti da alpinismo, sia in montagna che fuori. Se vi unite a un gruppo di escursionisti coreani, sappiate anche che si mangerà lungo il percorso, e non parlo di frutta o noci. Gli escursionisti si portano pasti completi e vino di riso per accompagnarli e, come è consuetudine in Corea, tutto viene condiviso.

I coreani hanno sempre avuto un rapporto speciale con le montagne e le foreste che li circondano. Anticamente si credeva che le montagne avessero i loro propri spiriti e la loro forza vitale – *gi* – e che andare in montagna avrebbe migliorato il *gi* di ognuno (cosa che la medicina moderna ha dimostrato essere corretta).

Quando negli anni Sessanta la Corea iniziò a modernizzarsi e molti si trasferirono dalle campagne alle città, il governo promosse l'escursionismo come modo per legare tra colleghi. Questo ha dato il via a quello che oggi è diventato lo sport preferito di tutti durante i fine settimana.

La mia agente associata, Sue Park, faceva spesso escursioni con la sua famiglia quando era piccola. Ritiene che sia diventato popolare tra le famiglie perché permette di trascorrere del tempo insieme nella natura.

«Nella cultura coreana le montagne sono sempre state considerate un luogo di meditazione e di sublimazione;

si suppone che aiutino a trovare il proprio equilibrio interiore, a sintonizzare la mente con l'ordine naturale e persino a purificarsi spiritualmente», mi ha detto.

«Ecco il perché dei tanti dipinti a inchiostro asiatici di montagne famose, e perché nella mitologia si suppone che i saggi, gli studiosi leggendari e le fate vivano in alto oppure nella profondità di queste famose montagne.

«La mia famiglia si preoccupava anche molto di procurarsi l'acqua potabile durante le escursioni. Alcune montagne coreane hanno sorgenti minerali molto conosciute. Ogni giorno si fa la fila per arrivare a queste sorgenti e la gente riempie enormi bottiglie d'acqua, che gli americani potrebbero pensare siano per la benzina, che poi porta a casa».

Parlando di appassionati, l'escursionismo in Corea riesce a coinvolgere proprio tutti. Nel 2018, dopo i loro colloqui, il presidente sud-coreano Moon Jae-in e il leader del Nord, Kim Jong-un, hanno scalato insieme il Monte Paektu, dal versante nord-coreano. Il presidente Moon è un appassionato escursionista e scalatore e ha fatto trekking sull'Himalaya, ma questa scalata è entrata nella storia.

Scalare la montagna

In Corea ci sono ventidue parchi nazionali e bellissimi sentieri di montagna vi aspettano ovunque. Uno dei più popolari è il Parco nazionale di Seoraksan, a tre ore di auto da Seoul. Famoso per i suoi templi buddisti, le duemila specie animali, le millequattrocento specie di piante rare, le foreste di pini e le trenta cime montuose, è stato designato dall'Unesco come riserva della biosfera.

In Corea le persone fanno tipicamente escursioni con gli amici, la famiglia o i club di escursionismo. Se si viaggia da soli è possibile prenotare e partecipare a un tour organizzato. Il monte Seoraksan è la vetta più alta del Paese (1708 metri), ma molti sentieri iniziano già all'ingresso del parco, dove è possibile ottenere una mappa e scegliere il proprio percorso. C'è anche una funivia per chi vuole godersi il panorama ma non può camminare.

Benefici aggiuntivi

I coreani praticano l'escursionismo perché gli fornisce tempo per stare con la propria famiglia e per rilassarsi dai programmi di lavoro e di scuola, spesso molto intensi. I benefici segreti di questa pratica sono l'aumento della forza cardiaca e muscolare (tutte quelle colline e rocce!) e la riduzione dello stress. Le ricerche hanno dimostrato che stare nella natura aumenta la creatività e la capacità di risolvere i problemi. Uno studio ha persino scoperto che sperimentare la bellezza dell'aria aperta ci rende più fiduciosi e generosi, aumentando così le emozioni positive.

La scrittrice You-jeong Jeong ha detto che va a fare escursioni per liberare e «ripristinare» la mente e il corpo. «Non faccio trekking perché ha un certo significato o certi benefici. Lo faccio soprattutto quando la mia mente è in subbuglio o quando mi sento esausta, per risvegliare il mio corpo attraverso un esercizio estremo. Sono persino andata sull'Himalaya solo per questo motivo».

Recuperare e ripristinare

Una cosa che mi è rimasta impressa in Corea è lo sforzo che il Paese ha fatto per trasformare gli spazi urbani in paradisi verdi, permettendo ai cittadini di trovare un rifugio tranquillo fuori dalla porta di casa.

Il Seoul Forest Park, che è stato paragonato all'Hyde Park di Londra e al Central Park di New York, un tempo era un impianto di trattamento delle acque, una pista da corsa, un campo da golf e un parco sportivo. Dopo un'importante opera di ricostruzione, nel 2005 è stato inaugurato come parco pubblico che comprende habitat naturali per la fauna selvatica, una foresta ecologica e un giardino di farfalle. Oggi è pieno di gente del posto che fa picnic, godendosi la fioritura dei ciliegi in primavera e la foresta di alberi di ginkgo in autunno.

Sempre nel 2005 è stato inaugurato un piano di rinnovamento urbano da trecentottanta milioni di dollari di quasi sei chilometri del torrente Cheonggyecheon, che attraversa il centro di Seoul. Dopo la guerra di Corea, era stato pavimentato con cemento e successivamente ricoperto con autostrade sopraelevate. Entrambi sono stati rimossi per farlo scorrere nuovamente, e sono stati aggiunti anche numerosi percorsi verdi.

Oggi migliaia di persone si riversano ogni giorno in quello che è considerato il cuore verde di Seoul, che permette loro di rilassarsi nella natura anche nel bel mezzo della città più trafficata.

Il giardino dell'Eden coreano

La Zdm (vedi capitolo 4) è l'unico luogo sulla terra in cui l'uomo non ha camminato, non ha progettato, non ha asfaltato, non ha distrutto alberi e fauna selvatica e non ha inquinato le acque. È un ecosistema incontaminato dove piante e animali hanno prosperato senza alcun intervento: se vogliamo, un giardino dell'Eden.

La Zdm ospita più di cinquemila specie di piante e animali, centosei delle quali sono protette. Nel 2018, il leader nord-coreano Kim Jong-un e il presidente sud-coreano Moon Jae-in si sono impegnati a «trasformare la zona demilitarizzata in una zona di pace in senso autentico», ponendo fine a tutti gli atti ostili lungo il confine.

Un anno dopo, la Corea del Sud ha aperto a un numero limitato di visitatori il primo di tre «sentieri di pace»

lungo la Zdm. Attraverso la natura, forse le famiglie saranno finalmente riunite. Sarebbe così coreano!
www.dmzwalk.com

Il mistero dell'isola

In Corea si ha l'impressione che, ovunque si vada, gli habitat naturali delle isole siano uno più bello dell'altro. Ma ci sono due isole che vantano qualcosa che va al di là di uno scenario perfetto: entrambe sono circondate da misteri.

L'isola di Ulleungdo, a 120 chilometri al largo della costa orientale della Corea, è una tappa obbligata per gli amanti della natura e dell'avventura. Si tratta di un viaggio di due ore e mezza in treno o di tre ore in auto, seguito da una traversata in traghetto di tre ore su un mare a volte agitato – un consiglio: portate con voi le medicine per il mal di mare.

Una volta arrivati, si scopre che l'isola è in realtà la cima di un vulcano, ricoperta da foreste rigogliose, cascate e una costa spettacolare di rocce vulcaniche e sentieri escursionistici. Le acque dell'isola sono un habitat marino protetto, quindi è anche un paradiso per i subacquei.

Sembra mistico e ultraterreno? I coreani pensano di sì, ed è per questo che l'hanno soprannominata «isola misteriosa». Credono che, grazie al suo ambiente incontaminato, l'isola abbia un'energia mistica. Chi non vorrebbe assorbirla?

Lezioni dal mondo naturale

- Cercate di passare più tempo possibile all'aria aperta e di immergervi nella natura: migliorerà la vostra salute fisica, la vostra felicità e la creatività.
- Incorporate la natura dentro casa e in ufficio con piante, fiori, animali domestici; tenete le finestre aperte per far cambiare l'aria.
- Cercate di avere sempre in casa un ricambio di aria fresca e una ventilazione trasversale: aprite una finestra e le porte in modo che l'aria possa muoversi, oppure procuratevi un ventilatore a piantana.
- Fate diventare l'escursionismo un'abitudine: una gita con la famiglia o con gli amici è un'occasione per liberare la mente. Portate con voi un delizioso picnic come ricompensa per il duro sforzo fisico.
- Non cercate mai di addomesticare la natura, ma apprezzate la sua bellezza e il suo essere selvaggia.
- Le montagne, l'oceano, un parco, un tramonto, un'alba – qualsiasi luogo all'aria aperta – sono la migliore medicina per lenire ogni disturbo.

Ricetta

PANCAKE ALL'ERBA CIPOLLINA

Di *J.M. Lee*, autore di *The Investigation* e *Good Neighbours*

Il mio amico e cliente J.M. Lee dice che per lui questo piatto è più di un pasto: ricorda la bellezza della stagione delle piogge.

«Alcuni piatti tirano magicamente fuori dal nostro cuore dei ricordi felici e li riportano in superficie. Il pancake all'erba cipollina è per me uno di questi», dice.

«Ogni volta che inizia a piovere, sento un'improvvisa voglia di questo piatto, similmente al cane di Pavlov quando sente la campanella; e non posso impedirmi di fantasticare sulla sua dolce fragranza e sulla croccantezza del primo morso.

«Lo scroscio della pioggia sul tetto e l'acqua che sciaborda nelle grondaie mi fanno tornare in mente un pancake che sfrigola in una padella – insieme al suo irresistibile aroma e gusto inconfondibile. Non sorprende che in Corea la stagione delle piogge induca i frequentatori abituali di ristoranti a cercare quelli che servono il pancake all'erba cipollina.

«Per quanto d'apparenza umile, questo pancake è incredibilmente versatile. Può essere uno spuntino sano e veloce, ma può anche essere servito come una portata vera e propria semplicemente aggiungendo più farina.

Se lo si accompagna con la salsa di soia o il *chogochujang* (una salsa fatta con pasta di peperoncino *gochujang* e aceto) sarà un contorno perfetto per qualsiasi piatto. Si sposa perfettamente con il classico vino di riso coreano (*makgeolli*) o con il *soju* (un superalcolico) ma non deluderà nemmeno con un vino classico ben scelto.

«La versione che preferisco è quella con l'erba cipollina e strisce di bacon o prosciutto; penso che si possa definire una brillante collaborazione a tavola tra Oriente e Occidente. Il bacon, non c'è bisogno di dirlo, ha un sapore fantastico e il suo sfrigolare nella padella rende l'esperienza ancora più eccitante. Siamo alle soglie della stagione delle piogge quest'anno, e presto starò ascoltando il magnifico duetto del suono della pioggia fuori dalla finestra e del friggere del dolce pancake nella padella».

(La seguente ricetta vi farà ottenere un pancake, tipicamente una porzione singola)

Ingredienti

15-20 g di erba cipollina (la proporzione di erba cipollina rispetto all'impasto può essere adattata ai propri gusti)

Impasto

¾ di tazza di farina integrale (150 ml). Se preferite una consistenza croccante, potete sostituire il 30-50 per

cento della farina integrale con quella per tempura
1 tazza di acqua (200 ml)
2 uova (1 per l'impasto e 1 per il condimento)

Condimenti

½ tazza di frutti di mare a scelta (ostriche, cozze, calamari, gamberi, una varietà di vongole o altri a piacere); se siete allergici o non avete un debole per i frutti di mare, ometteteli
3 strisce di pancetta (4-5 strisce se si rinuncia ai frutti di mare)
4-5 cucchiai di olio da cucina di vostra scelta
Sale e pepe nero

Preparazione

1. Lavate l'erba cipollina sotto l'acqua corrente e tagliatela a pezzi di lunghezza consistente, circa 1-2 centimetri più corti del diametro della padella.

* Più corta è l'erba cipollina, più facile sarà girare il pancake in seguito.

* Se volete, potete anche preparare e aggiungere delle scaglie di cavolo, carota e cipolla.

2. Mettete in una ciotola l'acqua, l'uovo e la farina integrale (o la miscela di farina normale e di farina per tempura), condite con sale e pepe nero e mescolate accuratamente.

* Se si usa acqua ghiacciata invece di acqua normale o si aggiungono 2-3 cubetti di ghiaccio, il pancake sarà più croccante. Ma fate attenzione al numero di cubetti di ghiaccio che mettete, perché potrebbero rendere l'impasto un po' troppo acquoso.

3. Preriscaldate la padella a fuoco alto e ungetela con tre cucchiaini di olio da cucina a scelta. Successivamente, abbassate a fuoco medio.
4. Immergete l'erba cipollina nella ciotola, ricopritela completamente con l'impasto e distribuite il tutto sulla teglia in forma circolare.
5. Riempite gli spazi vuoti intorno all'erba cipollina con l'impasto per darle una forma a frittella.
6. Distribuite il condimento (o i condimenti) su tutto il pancake, come su una pizza.

* Se desiderate una consistenza più croccante, assicuratevi che i condimenti non siano umidi e, se aggiungete i calamari, tagliateli in anticipo a pezzi di 1 cm x 1 cm.

7. Mettete le strisce di pancetta sopra i frutti di mare. Se non usate i frutti di mare, potete mettere più strisce di pancetta.
8. Distribuite uniformemente l'uovo crudo sul pancake e lasciatelo cuocere per 3-4 minuti. L'uovo aiuterà gli ingredienti ad amalgamarsi e farà risaltare i sapori.
9. Girate il pancake e con una spatola esercitate una leggera pressione per far aderire gli ingredienti,

dopodiché lasciate cuocere il pancake per altri 3 minuti circa.

* Aggiungete 1-2 cucchiaini di olio da cucina intorno al pancake, in modo che non si attacchi.

10. Capovolgete il pancake sul lato del condimento e impiattate. È possibile tagliare il pancake in dimensioni più piccole prima di servirlo.

6

Onda coreana

한류

Hallyu

Onda coreana

한류

hallyu

Destinazione: Gangnam 강남

Stile Gangnam

Nel 2012 una canzone pop ha conquistato il mondo. Si chiamava *Gangnam Style* e, con il suo ritmo accattivante e i suoi passi di danza «al galoppo», la musica e il video sono diventati virali. Ma ciò che è stato sconvolgente è che non è cantata da una pop star occidentale, bensì dal rapper e autore coreano Psy (Park Jae-sang).

Il video e la canzone, che beffeggiano i cittadini del ricchissimo sobborgo di Gangnam, a Seoul, sono stati i primi ad avere più di un miliardo di visualizzazioni su YouTube. Oggi sono più di quattro miliardi!

Psy è diventato una superstar mondiale, milioni di persone hanno assistito ai suoi concerti; persino l'ex segretario generale delle Nazioni Unite Ban Ki-moon, dopo aver suggerito che *Gangnam Style* sarebbe stata una forza per la pace nel mondo, ha scherzato dicendo di essere «un po' geloso» del successo di Psy.

Ero curiosa di sapere come fosse veramente l'area di Gangnam a Seoul, al di là della canzone di successo, delle star del K-pop e dei miliardari, degli appassionati d'arte e degli indossatori che vivono nel quartiere più ricco di Seoul.

Così, nel più bel pomeriggio di aprile, ho incontrato un amico al Cafe Tolix, un mix tra un ristorante e un museo del mobile. Il caffè si trova nel mezzo di una delle strade più ricche di Gangnam, a cinque minuti a piedi dal complesso residenziale Palace Tower e dal torrente Yangjaecheon. La Festa dei ciliegi in fiore era in pieno svolgimento e gli alberi formavano un baldacchino di fiori rosa a perdita d'occhio.

Il proprietario del caffè è un collezionista di mobili, in particolare dell'esclusiva sedia in metallo Tolix creata dal designer francese Xavier Pauchard nel 1927. Ha avuto tempo, denaro e passione per creare la sua collezione di sedie, scegliendo ognuna di esse mentre per anni viaggiava in Europa. I suoi mobili di inestimabile valore riempiono diversi caffè di sua proprietà e un intero magazzino. Per me, lui rappresenta l'uomo di Gangnam: ricco, elegante, intellettuale, collezionista, ristoratore e di grande immaginazione. Nel suo stile, francese antico e coreano moderno si fondono per rendere Gangnam ciò che è.

Invece, la donna che per me rappresenta Gangnam e l'eleganza, la ricchezza e il successo della Corea è Sung-Joo Kim, proprietaria dell'azienda di lusso MCM. Ha rilevato da sola il marchio di moda tedesco e lo ha trasformato in un impero da un miliardo di dollari con seicentocinquanta negozi in tutto il mondo. Sia la sede della sua società – SungJoo Group – che il flagship store MCM si trovano a Gangnam. Creatrice e visionaria, ha contribuito a far conoscere Gangnam e la Corea nel mondo.

Sì, Gangnam è forse un viaggio attraverso strade magnifiche, meraviglie architettoniche e shopping di lusso, ma sono gli uomini e le donne coreani visionari e creativi che ne costituiscono l'anima.

Cafe Tolix
Indirizzo: 56 Eonju-ro 30-gil, Dogok-dong, Gangnam-gu, Seoul
Tel.: +82 2-579-0314
Sito web: www.cafetolix.com

Hallyu

Si potrebbe dire che *Gangnam Style* sia stata la prima avvisaglia di ciò che oggi viene chiamata *Hallyu* – l'onda coreana – grazie alla quale la cultura coreana è diventata mainstream a migliaia di chilometri dal suo epicentro, sugli schermi, nelle librerie e sulle piste da ballo.

Oggi l'onda coreana è conosciuta soprattutto per la serie drammatica *Squid Game*, per i film *Parasite* e *Minari*, vincitori dell'Oscar, i gruppi K-pop BTS e Blackpink e il romanzo vincitore del Man Booker International Prize 2016, *La vegetariana*.

Ma l'ondata è iniziata negli anni Novanta, quando i drammi televisivi coreani (K-drama) e la musica (K-pop) – in parte sostenuti dal governo con un piano per rendere la cultura coreana un bene prezioso e esportabile – sono diventati popolari in Asia. L'onda si è poi abbattuta in Medio Oriente e in Sud America, prima di conquistare l'Europa e gli Stati Uniti. Oggi l'*Hallyu* rende oltre dodici miliardi di dollari all'anno all'economia coreana e si è rivelata così potente da diventare oggetto di una mostra al museo V&A di Londra intitolata *Hallyu! The Korean Wave*.

Mi chiedono sempre dell'*Hallyu* e, sinceramente, la cosa non mi sorprende. In termini di letteratura, film, musica, moda e arte, l'incredibile ampiezza e potenziale del talento coreano sono sempre esistiti: erano solo fuori portata prima di Internet e dello streaming.

Oggi, una canzone o un libro che prendono piede in un Paese, diventano di gran moda in un altro nel giro di una settimana. Tutto il mondo ha guardato *Squid Game*! I BTS pubblicano un nuovo singolo online e i fan urlano all'unisono, da Mumbai a Melbourne. Internet ha spinto l'onda coreana a livelli che nessuno avrebbe potuto prevedere.

Vedo anche nell'*Hallyu* l'influenza della cultura americana, comprensibile dopo il ruolo che gli Stati Uniti hanno avuto nella guerra di Corea. Gli autori coreani che conosco hanno studiato Stephen King e Agatha Christie per imparare a diventare scrittori di thriller. Da dove viene Psy? Non si può negare l'influenza di Elvis Presley osservandone l'aspetto, i fianchi oscillanti e lo stile. Come sono nati i BTS? I BTS sono stati influenzati dalle boy band americane e dall'hip-hop, anche se poi hanno dato vita al proprio stile.

Recentemente a Dubai seimila fan hanno assistito a un concerto con Psy e i gruppi K-pop. Il presidente Moon Jae-in era seduto orgogliosamente in prima fila. Quando i fan di Dubai cantano canzoni pop coreane mentre il presidente coreano è lì nell'arena, non credo che si tratti di una moda. È un fenomeno culturale destinato a rimanere.

Per gli amanti dei libri

I coreani sono grandi lettori. Il loro amore per le saghe familiari, i thriller, l'horror, la fantascienza e la narrativa storica spiega perché a Seoul la Starfield Library vanti cinquantamila libri sui suoi scaffali. Vi ho detto che si trova all'interno di un centro commerciale?

Invece il Songpa Book Museum, situato nella parte orientale di Seoul, è un museo che celebra la lettura. Inaugurato nel 2019, è il primo museo pubblico del libro in Corea.

Guidando un'ora verso nord troverete Paju Book City, un'intera città (ispirata a Hay-on-Wye nel Regno Unito) dedicata alla pubblicazione, al marketing e alla celebrazione dei libri. La scrittrice Yun Ko-eun, autrice di *The Disaster Tourist*, conduce un programma radiofonico quotidiano di due ore, *EBS Book Café*, incentrato su libri e cultura. La Corea è il sogno degli amanti dei libri.

E grazie all'*Hallyu*, potreste aver letto i bestseller *Prenditi cura di lei* di Kyung-sook Shin, *La vegetariana* di Han Kang, *Kim Jiyoung, nata nel 1982* di Cho Nam-Joo, *La gallina che sognava di volare* di Hwang Sun-mi o *Love in the Big City* di Sang Young Park.

Se amate i thriller, *Artiglio* di Gu Byeong-mo o *The Disaster Tourist* di Yun Ko-eun (la prima coreana e la prima donna a vincere il CWA Dagger per il miglior romanzo tradotto) potrebbero essere sulla vostra libreria.

Penso che siano state le scrittrici ciò che ha inizialmente fatto sì che la letteratura coreana si diffondesse nel mondo. Sia Kyung-sook Shin che Gong Ji-young, autrice femminista de *The Crucible*, sono state donne anticonformiste che hanno fatto breccia nel mondo editoriale coreano, dominato dagli uomini fino a quel momento, con le loro forti storie di donne che lottano contro lo status quo, si oppongono agli abusi e tracciano il proprio destino.

L'innovativo romanzo di Shin su una madre trascurata ha venduto milioni di copie in Corea prima di catturare l'immaginazione dei lettori di trentacinque Paesi, vincendo il Man Asian Prize nel 2011 e incoronandola a prima donna, e prima coreana, a vincerlo. Questo risultato ha generato un enorme interesse per i libri coreani in tutto il mondo.

Sono orgogliosa che anche gli scrittori coreani di thriller si siano ritagliati un proprio spazio. Alcuni sono stati paragonati al noir scandinavo, ma credo che abbiano reinventato il genere. I thriller coreani sono impregnati della cultura *Han*, *Heung*, del buddismo, dei valori confuciani e di un particolare umorismo tutto coreano. I migliori sono i misteri all'interno di un mistero: non c'è una risposta alla domanda. I crimini non sono la preoccupazione principale degli scrittori, ma piuttosto i personaggi e l'effetto che gli assassinii hanno su di loro.

Oggi i lettori non possono fare a meno dei libri coreani e ciò che è così unico è che le donne hanno spianato la strada – costruendo una base globale per gli altri. E, altra novità, Hollywood sta acquistando i diritti dei libri coreani per adattarli a film, sia in inglese che in coreano.

Biblioteca Starfield
Indirizzo: 513, Yeongdong-daero, Gangnam-gu, Seoul
Tel.: +82 2-6002-5300
Sito web: www.starfield.co.kr

Museo del Libro di Songpa
Indirizzo: 77, Songpadae-ro 37-gil, Songpa-gu
Tel.: +82 2-2147-2486
Sito web: www.bookmuseum.go.kr

Tutti a ballare

Se avete un adolescente in casa, avete senza dubbio ascoltato la musica pop coreana, nota come K-pop. Se qualche gruppo di questo genere si è esibito nella vostra città, avrete sentito i fan urlare da chilometri di distanza.

Il K-pop è una musica che spazia tra rock, hip-hop, ballate e bubblegum pop. Le canzoni sono eseguite da gruppi di ragazze e boy band di grande bellezza e talento, in genere letteralmente creati dalle case discografiche e formati per anni prima di arrivare al pubblico.

Anche in questo caso, l'onda del K-pop è partita dall'Asia, con i gruppi Big Bang, Girls' Generation e 2NE1. Psy ha poi conquistato il mondo, e negli ultimi dieci anni il K-pop è diventato un gigante finanziario e culturale per la Corea. Nel 2019, gli Mtv Video Music Awards hanno aggiunto la categoria «Best K-pop». Sì, davvero.

La boy band BTS si è assicurata un posto nella storia della musica come primo gruppo coreano a raggiungere la vetta della Billboard Hot 100 con la canzone in lingua inglese *Dynamite*. Il gruppo femminile Blackpink, con i suoi quarantacinque milioni di fan su Instagram (noto come Blinks), non è da meno. Cantando in perfetta armonia, sostenuti da coreografie ordinate e video colorati, questi gruppi sono come caramelle da guardare e consumare.

E hanno un altro asso nella manica che in passato non era a disposizione delle band: Internet. I gruppi K-pop dilagano sui social media e interagiscono con i loro fan su TikTok, Instagram e Twitter ventiquattr'ore al giorno, sette giorni su sette. Quando ero adolescente potevo solo sognare di incontrare i miei idoli: oggi puoi twittare a Jungkook dei BTS o a Rose delle Blackpink e loro ti rispondono. Incredibile.

Pellegrini del K-pop

Se vi trovate in Corea e volete fare un pellegrinaggio nei luoghi delle vostre star K-pop preferite, il punto da cui partire è il sobborgo di Gangnam. Sì, quel Gangnam.

Soprannominata la «Beverly Hills di Seoul», Gangnam è tutta all'insegna del lusso: dai negozi di design come Louis Vuitton, MCM e Chanel, agli appartamenti da svariati milioni di dollari. Sede di celebrità coreane, è anche il quartier generale di molti dei più importanti studi e case discografiche e di intrattenimento della Corea. I fan sono noti per aspettare fuori dagli studios per ore, nella speranza di vedere i loro idoli uscire.

Per celebrare il successo di Psy, ora c'è una gigantesca scultura in bronzo del *Gangnam Style* che raffigura due mani che si stringono – per imitare le redini del ballo «a cavallo» – fuori dal centro commerciale COEX. E proprio come Hollywood ha una Walk of Fame, Gangnam ha ora Gangnam K-Star Road, una passeggiata obbligatoria per chi ama il K-pop.

Lungo la strada si trovano le «GangnamDols», grandi sculture di orsacchiotti che rappresentano varie star tra cui Psy, BTS, Girls' Generation ed Exo. L'intera strada è un'attrazione per Instagram. Anche se non volete scattare una foto per i social media, mandatene una ai vostri figli e forse penseranno che siete cool.

Anche se Gangnam sarà sempre il punto di partenza della cultura K, se volete scoprire cosa succederà, recatevi a Mullae-dong. L'area era ed è piena di ferriere, ma intorno al 2000 gli artisti hanno iniziato a trasferircisi, trasformando i vecchi edifici in studi. Oggi il quartiere è pieno di gallerie, sculture all'aperto e arte di strada, che lo rendono una destinazione hipster che alcuni chiamano la «Brooklyn della Corea».

Statua di Psy *Gangnam Style*
Indirizzo: 524 Bongeunsa-ro, Gangnam-gu, Seoul, Corea del Sud

Il drama game

Le serie di K-drama sono state seguite da milioni di coreani per decenni. Questi spettacoli si concentrano sui legami e sui conflitti familiari, sull'amore proibito e sulle storie romantiche, spesso molto caste per gli standard occidentali.

Serie come *Sonata d'inverno* (un melodramma su adolescenti innamorati), *Fiaba d'autunno* (dramma romantico con fratelli scambiati alla nascita) e *La grande Jang-geum* (dramma storico) hanno guadagnato terreno in Asia, prima che lo streaming portasse la tv coreana in tutti i salotti del mondo.

Crash Landing on You, che ha visto un'ereditiera sudcoreana innamorarsi di un ufficiale dell'esercito nordcoreano, ha battuto i record nella tv coreana, in Cina (lo streaming si è bloccato durante l'episodio finale) e su Netflix in tutto il mondo. Lodato per i suoi attori da urlo e per la rappresentazione della vita nel Nord, la rivista *Time* lo ha classificato come uno dei migliori drammi coreani su Netflix.

Oggi conosco adolescenti che guardano i K-drama nelle loro camere da letto, ragazzi universitari nei loro dormitori e famiglie nei loro salotti. Hanno raggiunto ogni fascia demografica e soddisfano in modo ingegnoso gli interessi di tutti. L'*Hallyu* attraverso i vostri schermi televisivi era tutta un ronzio.

E poi è arrivato *Squid Game*.

In teoria, la storia di coreani pieni di debiti che si sfidano a giochi infantili (fino alla morte) per vincere soldi, potrebbe essere ambientata in qualsiasi parte del mondo, ma la Corea l'ha fatta propria. Non si tratta di un neorealismo italiano o di un dramma alla Scorsese, ma le immagini hanno tutte le caratteristiche del K-pop e dei cartoni animati. Sebbene lo sceneggiatore abbia impiegato dieci anni per realizzarlo, ha colpito nel momento giusto, con il Covid e le difficoltà economiche in tutto il mondo. Ci siamo identificati con i giocatori, manipolati da forze che sfuggono al loro controllo e che cercano solo di tenere la testa fuori dall'acqua.

A pochi giorni dalla sua uscita su Netflix, *Squid Game* è diventata la serie più vista sulla piattaforma, facendo dei suoi attori delle star e diventando un meme su Internet.

Quest'anno *Pachinko* («La moglie coreana») è stato trasmesso in streaming in oltre cento Paesi, un'altra novità per la Corea. Basato sul romanzo bestseller di Min Jin Lee, *Pachinko* è la storia di una famiglia di immigrati coreani raccontata attraverso quattro generazioni e tre continenti, a partire dall'occupazione giapponese della Corea, per poi spostarsi in Giappone e negli Stati Uniti. Raccontata in coreano, giapponese e inglese, è un'epica storia di famiglia, amore e sopravvivenza che porta la vicenda coreana nel mainstream globale attraverso la vostra tv.

Ora tutti aspettano dalle storie coreane il prossimo grande successo, con l'apertura da parte di Netflix di due stabilimenti di produzione a Seoul per realizzare più serie e film coreani.

Azione!

Fino agli anni Ottanta i coreani vivevano sotto la dittatura. Quando il Paese è diventato democratico, tutto è cambiato per registi come Bong Joon-ho (*Madre*, *Okja*, *Snowpiercer*) e Park Chan-wook (*Joint Security Area*, *The Handmaiden*, *Oldboy*), finalmente liberi di esprimere la loro creatività senza censure. Avevano anche un pubblico affamato che amava i film: la Corea, infatti, ha la più alta percentuale di affluenza al cinema del mondo.

Una cosa che si nota quando si iniziano a guardare i film coreani è che gli scrittori e i registi non rifuggono da temi complessi. Affrontano argomenti difficili come la classe sociale, la politica e il desiderio di vendetta. Ci sono film horror, con zombie e mostri come *Oldboy* (2003), nel quale un uomo cerca vendetta dopo il suo rapimento, e *Train to Busan* (2016), che parla di un'epidemia di zombie. I generi possono essere convenzionali, ma i colpi di scena non lasciano tregua.

La verità è che i film coreani hanno avuto un seguito di appassionati per decenni, quindi i semi erano già piantati tra gli amanti del cinema, i critici e i giornalisti. Era solo questione di tempo prima che uno di essi entrasse nella storia e quel film è *Parasite* (2019) di Bong Joon-ho, il primo film coreano a vincere la Palma d'Oro a Cannes e il primo film in lingua straniera a vincere l'Oscar come il miglior film.

Attraverso la storia di una famiglia povera di Seoul che si infiltra nelle vite di un nucleo benestante con esiti violenti e tragici, *Parasite* cattura gli estremi della povertà e della ricchezza, giustapposti in modo quasi fumettistico. Si tratta di un racconto originale di emarginazione, tradotto in un film satirico a tratti molto divertente. È una miscela nuova: si ride o si piange?

Credo che i film coreani abbiano raggiunto la tempesta perfetta. Se si combinano il talento dell'industria e l'originalità della narrazione con i servizi di streaming, cosa succede? Ovunque si viva nel mondo, si può vivere l'*Hallyu* sul proprio schermo.

Lezioni di *Hallyu*

- Immergetevi in culture nuove e diverse: rimarrete sorpresi e deliziati.
- Attraverso la musica, i libri, i film e la tv coreana: capirete il Paese e la sua gente in un modo nuovo ed entusiasmante.
- *Hallyu* è il modo in cui la Corea comunica a livello globale. È possibile ascoltare le voci dei coreani e «viaggiare» in Corea attraverso la loro cultura.
- Quando vi sentite giù, ascoltate un po' di K-pop e risollevatevi il morale!

Ricetta
ZUPPA DI RAVANELLI E CALAMARI (IN ONORE DI *SQUID GAME*)

Di *Kim Geoungmin*

Ci sono cure per l'hangover in tutto il mondo, ma quella dalla Corea è davvero unica.

«Ho sempre amato i calamari e anche cucinare i più svariati piatti a base di questo mollusco, dal semplice calamaro grigliato con il burro a quello piccante fritto in padella con cipolle, aglio e scalogno», dice Kim.

«Di tutti i piatti a base di calamaro, la zuppa con i ravanelli è conosciuta per essere il miglior cibo per la cura dell'hangover. L'ingrediente più importante, al di là del protagonista, è l'olio di sesamo, che aggiunge il suo aroma unico e irresistibile».

«Questa non è una ricetta qualunque – ho chiesto a mia madre, che è una bravissima cuoca, i suoi consigli. Ha la reputazione di avere "le mani grandi", che nella cultura coreana significa che cucina ogni cosa in enormi porzioni e che ama condividere il cibo con chiunque. In questo senso ho preso da lei: tendo a utilizzare un calamaro intero per la mia zuppa; ma per chiunque non sia un'amante dei calamari come me, se ne può usare metà o anche meno. Ma se finite per farne in grande quantità, non vi preoccupate: come ho detto, questo è un ottimo cibo per l'hangover e quindi perfetto per una grande colazione il giorno dopo la festa per tutti gli amici che alla fine sono rimasti a casa vostra a dormire».

Ingredienti

1 calamaro
⅓ di un grande ravanello coreano
Acciughe secche (si possono trovare in un negozio di alimentari coreano)
Alga kombu essiccata (si può trovare in un negozio di alimentari asiatico-coreano o giapponese)
Pepe rosso essiccato
Olio di sesamo
Cipolla verde
Aglio
Salsa di soia coreana
Pepe nero
Sale

Preparazione del brodo di acciughe

1. Riempite una piccola pentola con acqua e portatela a ebollizione.
2. Una volta che l'acqua bolle, mantenetela a fuoco medio e gettatevi un pugno di acciughe secche. Aggiungete tre pezzi di alga kombu (ogni pezzo è grande come una carta di credito) e, se vi piace

il piccante, aggiungete un pizzico di peperoncino rosso secco schiacciato (i pezzi schiacciati, non la polvere).

3. Fate bollire il brodo a fuoco medio finché non assumerà il colore della birra chiara. Si useranno 2-3 tazze di questo brodo per la zuppa di calamari.

Quello descritto è un processo rapido, ma se si fa bollire troppo il brodo, l'alga kombu potrebbe renderlo un po' viscido. Il metodo di cottura lenta consiste nel lasciare riposare tutti gli ingredienti in acqua tiepida invece di cuocerli, per un'ora (o anche qualche ora, a seconda degli ingredienti), finché il brodo non assumerà lo stesso colore della birra chiara.

Preparazione della zuppa di ravanelli

1. Eviscerate e spuntate il calamaro (in alternativa, usate un calamaro già eviscerato) e tagliatelo a bocconcini.
2. Tagliate anche il ravanello a pezzetti.
3. Tritate la cipolla verde fino a ottenere dei pezzettini della dimensione di un pollice.
4. Schiacciate l'aglio fino a formare una pasta granulosa (non deve essere liscia).
5. Scaldate una padella, versateci un po' di olio da cucina (l'olio di sesamo aggiungerà gusto) e soffriggete il calamaro e il ravanello tagliati a pezzetti.

6. Quando il ravanello diventa traslucido e il calamaro ha rilasciato un po' di acqua, aggiungete 2-3 tazze di brodo di acciughe e continuate a mescolare finché non bollirà.
7. Una volta che il brodo bolle, aggiungete la cipolla verde e l'aglio schiacciato e lasciate cuocere ancora un po'. Assaggiate la zuppa e conditela con salsa di soia coreana, sale e pepe nero a seconda delle vostre esigenze. Impiattate e consumatela calda.

7

Templestay
신전
JEOL

Templestay

신전

jeol

Destinazione: Monti Taeback / Monastero di Unmunsa
태백산과 운문사

Il Paese della calma mattutina

Con le sue splendide catene montuose, i laghi tranquilli e le foreste verdeggianti, la Corea è anche conosciuta come il «Paese della calma mattutina». Penso che questa frase si possa applicare anche alla vita dei coreani che hanno abbracciato il buddismo come fede, e la ricerca della consapevolezza e della compassione attraverso la meditazione zen come pratica quotidiana.

Il buddismo fa parte della vita coreana fin dal IV secolo, quando arrivò attraverso la Cina. Oggi circa un quarto dei coreani si identifica come buddista e ci sono circa novecento templi buddisti tradizionali e ventimila templi ufficialmente registrati in totale. Sebbene siano sparsi in tutto il Paese, molti si trovano nelle valli di montagna, permettendo a monaci, monache e laici di concentrarsi e pregare senza distrazioni.

In Corea, i visitatori possono frequentare qualsiasi tempio, ma se volete provare una vera e propria ricarica emotiva, potete visitarne uno come ospiti attraverso l'organizzazione Templestay.

L'Organizzazione culturale coreana ha creato, per i turisti che si recavano ai mondiali di calcio del 2002, più di cinquanta templi per sperimentare il buddismo e la cultura coreana: ora accolgono visitatori per soggiorni che durano da un giorno a una settimana. Durante la permanenza si apprende la storia del buddismo coreano, l'etichetta del tempio e la meditazione zen, il *Chamseon*, oltre a partecipare alla cerimonia del tè, il *Dado*, e a tentare i centootto inchini.

Ho scoperto Templestay in Corea per puro caso. Ero arrivata a Seoul per lavoro e la prima sera, a causa del jetlag, mi sono ritrovata a guardare la televisione alle tre del mattino. Sono rimasta ipnotizzata da un infomercial di Templestay, con una coppia di occidentali che vagava per antichi templi sulle montagne coreane.

Anche se mezzo addormentata, ero eccitata dall'idea di staccare la spina dalla mia vita frenetica. Avevo bisogno di una finestra di tempo per riflettere e riavviarmi, e soprattutto per spegnere il computer e il telefono. Ho prenotato un soggiorno per la mattina successiva.

Templestay Center
Indirizzo: 56, Ujeongguk-ro, Jongno-gu, Seoul
Tel.: +82 2-2031-2000
Sito web: https://eng.templestay.com

Nutrire l'anima

Ho scelto il tempio Jeondeungsa di Incheon, la cui costruzione risale a 1700 anni fa. Tra i templi più antichi della Corea, secondo la leggenda fu costruito dai tre figli del fondatore del primo regno coreano di Gojoseon come santuario per i loro antenati.

Situato sulla cima del monte Jeongjoksan, il tempio Jeondeungsa è composto da dieci edifici in legno in stili architettonici che vanno dalla prima dinastia alla metà della dinastia Joseon. Delicati intagli e dipinti di ottocento anni fa raffiguranti paesaggi coreani e il Buddha decorano ogni edificio.

Il tempio può sembrare un museo e un antico tesoro, ma è la sede di un luogo sacro buddista fiorente e funzionante (con tanto di elettricità, connessione a Internet e distributore automatico di bevande!). I bagni sono comuni e si va a letto presto, ma in tutte le stanze c'è la corrente elettrica, quindi si può leggere.

Il cibo è vegetariano e si è incoraggiati a mangiare con attenzione e moderazione. Nel buddismo, mangiare fa parte del viaggio verso l'illuminazione e deve essere fatto con rispetto. I pasti vengono consumati in silenzio e bisogna finire tutto quello che c'è nel piatto, per rispettare chi ha cucinato per noi e non lasciare scarti.

Il cibo del tempio è nutriente e preparato con intenzione, per pulire il corpo e l'anima.

Grazie all'attuale attenzione per il benessere e lo slow food, il cibo tipico dei templi coreani è ora oggetto di conversazione, di articoli e di libri di cucina!

Il menu originale risale a 1700 anni fa, è stagionale e di base vegetale; il vostro pasto, *Barugongyang*, sarà caratterizzato da tofu, porridge, riso, verdure, zuppe e *kimchi*.

L'idea è quella di nutrire il corpo per prepararlo alla pratica spirituale e al lavoro. I monaci e le monache coreane non mangiano aglio, porri, erba cipollina o cipolle, perché sono troppo astringenti e si pensa che interferiscano con la concentrazione durante la meditazione.

Se vi trovate in Corea ma non potete recarvi in un tempio per visitarlo, potete comunque sperimentare il cibo tradizionale del tempio al ristorante Balwoo Gongyang di Seoul, dove i cuochi sono stati formati dai monaci stessi. Oppure potete imparare a preparare i piatti da soli: il Korean Temple Food Center, sempre a Seoul, organizza corsi di cucina che vi permetteranno di portare a casa questi piatti.

Tempio Jeondeungsa

Indirizzo: 37-41, Jeondeungsa-ro, Gilsang-myeon, Ganghwa-gun

Tel.: +82 32-937-0125

Sito web: www.jeondeungsa.org

Korean Temple Food Center
Indirizzo: 56 Ujeongkuk-ro Jongno-gu Seoul
Tel.: +82 2-733-4650
Sito web: www.koreatemplefood.com

Ristorante Balwoo Gongyang
Indirizzo: 56 Ujeongguk-ro, Jongno-gu Seoul
Quinto piano
Tel.: +82 2-733-2081
Sito web: www.eng.balwoo.or.kr

Muovere l'energia

Era metà gennaio ed ero l'unica ospite. La maggior parte dei templi fornisce abbigliamento ai visitatori, e ho indossato volentieri il grande gilet rosa trapuntato e i pantaloni viola a palloncino. Anche se credevo di sembrare un clown da circo, non mi sentivo così a mio agio da anni!

Si può fare tanto o poco quanto si desidera. Anche se c'è l'elettricità, è bene lasciare spenti i dispositivi di comunicazione elettronica. Non sono proibiti, ma in fondo lo scopo del viaggio è proprio quello di distaccarsi.

Il tempio fornisce lenzuola e uniformi, ma è bene portare con sé vestiti extra, articoli da toilette e scarpe da trekking, soprattutto se si visita in autunno o in inverno. Indossate lana e vestitevi a strati, poiché il clima passa da estremamente freddo di notte a soleggiato e caldo nel pomeriggio, a seconda della località. Si noti che i templi non sono riscaldati né dotati di aria condizionata.

Le docce e i bagni comuni sono puliti e adeguati, ma non aspettatevi un'esperienza da spa di lusso. Portate con voi sapone e asciugamani.

È obbligatorio togliersi le scarpe prima di entrare in ogni edificio, quindi portatevi pantofole o mocassini robusti, facili da togliere e mettere.

Si va a dormire presto anche se si può leggere nella propria camera. Se il tempio è affollato, preparatevi a condividere la stanza con un estraneo.

Le macchine fotografiche sono ammesse e si può fotografare quasi ovunque nel parco.

I bambini sono i benvenuti e ci sono programmi speciali per le famiglie, sui quali trovate informazioni in ogni tempio.

Ogni cosa al tempio è estremamente nutriente, dall'aria di montagna all'acqua di sorgente che sgorga da fontane di pietra e che ha un sapore migliore di qualsiasi vino pregiato. Grazie a tutto questo, e anche a diverse faticose escursioni e a una quieta pratica meditativa, ho sperimentato un profondo sonno ristoratore.

Centootto inchini

Ero decisa a partecipare al servizio di preghiera delle quattro del mattino. Mi sono seduta nel tempio piccolo e silenzioso e ho osservato due monaci che si inchinavano e cantavano e tre operatori laici che eseguivano la cerimonia dei centootto inchini profondi dopo la funzione.

Si tratta di un lavoro fisico inteso. È necessario che cinque punti del corpo – le ginocchia, i gomiti, la fronte – tocchino il pavimento ogni volta. Questo esercizio ha lo scopo di purificare la mente e di espiare gli eccessi dell'ego, come l'egoismo, la rabbia o l'invidia.

Ho osservato una donna anziana che si inchinava come un'acrobata. I miei tentativi non hanno avuto molto successo.

Più tardi, stavo raccontando a un altro ospite con cui avevo fatto amicizia dei centootto inchini. Ho accennato a quanto fosse difficile eseguirne correttamente anche uno solo.

«È piuttosto difficile fare gli inchini profondi, bisogna esercitarsi per molti anni», mi ha assicurato, aggiungendo che l'obiettivo è l'*intenzione*, non la perfezione.

Questa è stata la mia lezione.

La pratica spirituale non è una gara. Ogni tentativo che si fa è significativo. L'obiettivo è continuare ad andare avanti e, di conseguenza, crescere.

L'inchino profondo

L'inchino profondo si fa di solito all'inizio e alla fine di una funzione. Iniziando con un normale inchino in piedi, proseguite poi in posizione inginocchiata. Separate le mani e mettetele a palmi in su, ai lati della fronte.Da qui, portate le mani e la fronte al pavimento. Sollevare quindi le mani sopra le orecchie prima di riportarle a terra. Questo inchino è un atto di umiltà di fronte al Buddha.

In genere, quando ci si inchina, si chiede a se stessi, tra le altre cose, quanto segue:

- Essere umili
- Essere grati in ogni momento
- Eliminare l'egoismo
- Apprezzare i genitori e la famiglia
- Apprezzare il corpo e l'anima
- Ringraziare di essere vivi
- Rispettare gli insegnanti
- Essere più indulgenti
- Resistere all'ira
- Essere gentili con tutti

Ora siamo felici

Sono stata invitata a prendere il tè con un monaco (e con un traduttore). Gli ho confidato quanto fosse stata stressante la mia vita nell'anno precedente, poiché mio marito aveva subito (riprendendosi completamente) un complesso intervento chirurgico. Ho iniziato a piangere. Il monaco non ha battuto ciglio. Prima di ascoltare le mie parole tradotte, ha cambiato argomento.

«Ora siamo felici», ha detto, con tono rassicurante.

Traduzione: stavo sprecando momenti preziosi del presente portando sulle mie spalle lo stress del passato. La prospettiva era tutto.

«Sì, certo! Ora siamo felici», ho ripetuto, e improvvisamente mi sono chiesta: perché stavo piangendo? Avevo percorso migliaia di chilometri per raggiungere questo tempio di montagna e sedermi davanti a questo monaco in uno dei luoghi più belli della terra. Il messaggio era profondo eppure estremamente semplice.

Ancora oggi mi affido a questo momento per superare una situazione di stress, preoccupazione o paura. Ricordo le parole del monaco e mi dico: «Ora siamo felici», perché è vero. Possiamo sempre scegliere di concentrarci sulla gratitudine e sulla gioia, indipendentemente dalle circostanze.

Fatti un amico

Prima di partire, un collega mi ha dato questo consiglio: «Fatti un amico».

A essere sincera, ero un po' perplessa. Avrei dovuto semplicemente mangiare e meditare in silenzio nel tempio.

Eppure, dopo essere arrivata, sono andata a fare una passeggiata, armata di macchina fotografica. Era una giornata bellissima e frizzante. All'improvviso ho sentito un uomo chiedere: «Vuoi che ti faccia una foto?».

Vicino a me c'era un altro ospite del tempio, che si è presentato. Abbiamo finito per passare la giornata insieme passeggiando e parlando. È stata un'ottima occasione per fare amicizia.

Unmunsa, il tempio della Porta delle Nuvole

Uno dei templi buddisti più suggestivi è Unmunsa, ovvero il tempio della Porta delle Nuvole, situato a sud delle montagne di Taebaek. Costruito intorno al 560, alcune parti del tempio furono distrutte durante l'invasione giapponese della Corea nel XVI secolo. È stato ricostruito e oggi è il più grande collegio di formazione per monache buddiste (*bhikkhuni*) della Corea, con circa trecento monache che vivono e studiano lì per quattro anni. Ho incontrato una giovane monaca di Brooklyn in formazione! In effetti, le donne vengono da tutto il mondo per dedicare la loro vita allo studio del buddismo.

La bellezza di Unmunsa è maestosa. Circondato da splendide foreste, fiumi e colline, il tempio ospita anche una serie di tesori nazionali coreani (siti o manufatti riconosciuti di importanza culturale), tra cui il pino piangente (Monumento Naturale n. 180), una pagoda di pietra a tre piani (Tesoro n. 678) e un Buddha di pietra seduto (Tesoro n. 317). Da vedere anche i due alberi di ginkgo secolari da cui le suore raccolgono i frutti.

Sono andata a Unmunsa con Kyung-sook Shin. Shin era stata invitata a parlare a una classe di cinquanta studentesse. Mi sono quindi recata lì per accompagnarla. Siamo partite piuttosto presto, viaggiando molte ore in treno e poi in macchina da Seoul al tempio. Quando siamo arrivate, siamo state accolte dalla direttrice dell'università e dalla madre superiora. Avevo la mente annebbiata e avevo assolutamente bisogno di caffeina. Al tempo, ancora non avevo realizzato che le monache non bevono caffè, ma solo tè alle erbe. La credenza è che la consumazione di caffè disturbi la tranquillità e l'atmosfera meditativa del tempio.

Dunque, al mattino mi sveglio del tutto solo dopo aver bevuto due tazze di caffè. Mugugno e vago come un fantasma dal letto alla cucina, fino a che il primo sorso di caffeina non mi scivola in gola.

Ho quindi chiesto alla direttrice se potessi avere una tazza di caffè. Mi ha risposto di sì e poco dopo mi ha portato una tazza salvavita. Non sapevo ancora fosse inopportuno chiedere del caffè – sarebbe come chiedere durante il pranzo alle monache vegane di prepararvi un hamburger. Ora capisco quanto incredibilmente gentile sia stato quel gesto. La direttrice aveva compreso che fossi una newyorkese alla ricerca della sua dose di caffè e mi ha benevolmente accontentata.

Da sottolineare che molti templi non hanno i bagni all'occidentale. Avevo già avuto la mia esperienza di latrine in Asia quindi, quando ne ho avuto bisogno, ho chiesto alla direttrice se ci fosse un bagno disponibile. Molto gentilmente mi ha permesso di usare il suo bagno all'occidentale personale. Non sono mai stata così felice nella mia vita.

La classe di cinquanta studentesse era entusiasta di conoscere Kyung-sook. Ha parlato del suo lavoro di scrittrice e tutte sono rimaste incantate. Abbiamo anche avuto il privilegio di incontrare delle suore, alcune delle quali ci hanno mostrato i loro luoghi preferiti. Per una di loro si trattava di un ciliegio fiorito dove andava a pensare e a pregare, per un'altra un orto che curava e amava. Un'altra suora non solo ci ha mostrato il famoso pino che ha più di ottocento anni, ma lo ha anche abbracciato, grata per tutto ciò che ci offre. L'ho abbracciato anch'io ed è stato come tenere stretta una nonna. Giuro che ho sentito che mi abbracciava a sua volta!

A Unmunsa c'è un piccolo museo pieno di oggetti ricamati, dipinti, manufatti di carta e altre opere d'arte creati dalle monache che evidenziano il filo conduttore della comunità e dell'energia femminile che riempie il tempio.

Vivere in modo consapevole

Anche in una breve visita si può vedere e imparare molto. La gioia delle suore era palpabile, la loro devozione a una vita di amorevole gentilezza e meditazione un esempio per tutti noi. Si vede come apprezzino la bellezza del semplice fare ed essere, non hanno bisogno di pile di cose per arricchire la loro vita.

Un elemento chiave del buddismo coreano è la meditazione zen, la pratica di acquietare la mente attraverso il lavoro sul respiro. Seduti nella posizione del loto o a gambe incrociate, i praticanti si concentrano sulla respirazione ritmica prestando attenzione a tutti i sentimenti e i pensieri che sorgono. Quando la mente «chiacchiera» (e lo farà), si viene istruiti a reindirizzarla lasciando andare i pensieri e tornando al respiro.

Sebbene la meditazione sia una pratica antica di secoli, la ricerca scientifica moderna ha dimostrato ciò che i monaci e le monache buddiste sapevano da tempo. La meditazione riduce lo stress, aumenta la concentrazione e la creatività e potenzia la memoria. Inoltre, favorisce l'accettazione di se stessi e degli altri, mettendo a tacere la mente critica e preoccupata.

Quando siamo partite, ero piena di gratitudine per le lezioni che Unmunsa mi aveva dato.

Forse non tutti possiamo raderci la testa, indossare la tunica e studiare il buddismo giorno e notte, ma possiamo abbracciare un albero ovunque per sentire il potere della natura e comprendere il nostro posto nello schema di tutte le cose.

Vedere le suore vivere ogni giornata con consapevolezza è una lezione per esprimere gratitudine per tutti i doni della propria vita. Unmunsa è un luogo così pacifico e amorevole che ha rafforzato per me l'importanza di prendersi una pausa dallo stress della vita quotidiana e di immergersi nella bellezza e nella tranquillità.

Anche se si tratta di una gita di un giorno, sarete sorpresi da quanto allontanarvi dalla routine vi farà bene.

Tempio di Unmunsa
Indirizzo: 264, Unmunsa-gil, Unmun-myeon, Cheongdo-gun, Gyeongsangbuk-do
Tel.:+82 54-372-8800
Sito web: www.unmunsa.or.kr

Lezioni di felicità da un tempio buddista

- Prendervi del tempo per voi stessi è importante, ma non è necessario partire per farlo. Trasformate la vostra casa in un tempio. Cucinate cibi nutrienti, indossate abiti larghi, aprite le finestre e spegnete gli schermi. Fate una passeggiata nella natura e meditate.
- Apprezzate il momento, non fatevi trascinare dal passato. *Ora siamo felici.*

- Il silenzio e la meditazione sono una medicina per la mente.
- Spegnete i vostri dispositivi elettronici anche solo per ventiquattr'ore. La vostra anima vi ringrazierà.
- Seguite il vostro ritmo. Non confrontatevi con gli altri. Non è una gara.
- Bevete del tè per riscaldare il corpo e calmare il cervello.
- Mangiate cibo vegetariano, anche solo una volta alla settimana.
- Trattate il cibo come un combustibile da rispettare, non da sprecare.
- Fatevi degli amici. Il legame è importante. Tutte le amicizie vi arricchiscono.

Ricetta
STUFATO DI PASTA DI SOIA

Di *Kyung-sook Shin*, autrice de *La danzatrice di corte*

Per la mia amica Kyung-sook la pasta di soia è molto di più che un semplice ingrediente per la cucina. È un vero e proprio alimento salutare.

«La pasta di soia è ottenuta dal *maeju*, un blocco di semi di soia fermentati, che somiglia al miso giapponese sebbene abbia un sapore completamente differente. Al giorno d'oggi, la maggior parte dei coreani compra la pasta di semi di soia, ma originariamente le famiglie coreane tenevano un rituale annuale per cucinarla», spiega.

«Questo stufato coreano non a caso è menzionato anche nel mio libro, *Prenditi cura di lei*, ed è successo che in una delle edizioni europee la pasta di soia – *doejang* – sia stata erroneamente tradotta come miso, e mi ricordo di aver dovuto spiegare la differenza tra i due.

«Per i coreani, la pasta di soia è diventata molto di più di un semplice ingrediente – è considerata alla stregua di una panacea. La mangiamo semplice quando abbiamo lo stomaco sottosopra, e addirittura la spalmiamo su graffi superficiali per farli guarire più in fretta. Ha un odore molto peculiare a causa del processo di fermentazione, cosa che potrebbe intimorire chi non ci è cresciuto come la maggior parte dei coreani.

«La pasta di soia convenzionale è fatta dai semi di soia e nient'altro. Gli ingredienti più comuni per lo stufato sono invece zucchine, radicchio, funghi e molto tofu tagliato a cubetti; in termini di quantità di proteine non è secondo a nessuno. Non sono di sicuro l'unica che sostiene che la pasta di soia sia il segreto del benessere dei coreani».

Ingredienti (2-3 porzioni)

200 ml di brodo di acciughe o di alghe marine
½ zucchina (è necessario togliere i semi e la parte centrale)
½ blocco di tofu
¼ di cipolla
2-3 funghi shiitake (o un fungo di pino)
1 peperoncino rosso
4-5 peperoni rossi Cheongyang
½ patata
1 cipolla verde grande (solo la parte bianca)

Condimento

2 cucchiai di pasta di semi di soia
½ cucchiaio di pasta di peperoni rossi
1 cucchiaio di miele
1 cucchiaio di olio di sesamo
1 cucchiaio di polvere di acciughe (se non avete la

polvere di acciughe, potete soffriggere e macinare voi stessi le acciughe secche in polvere fine)

1 cucchiaio di pasta d'aglio

Preparazione

1. Tagliate a cubetti le zucchine, il tofu, la cipolla, i funghi e la patata.
2. Tagliate a pezzetti la cipolla verde e i peperoni rossi di Cheongyang.
3. Mettete un cucchiaio di pasta d'aglio in una padella riscaldata e soffriggete con un cucchiaio di olio di sesamo a fuoco basso.
4. Mettete in padella le cipolle tritate e continuate a soffriggere. Aggiungete poi la patata, la zucchina, il fungo, il peperone rosso di Cheongyang, il tofu in quest'ordine e saltate il tutto.
5. Mettete 2 cucchiai di pasta di soia e un cucchiaio di pasta di peperoni rossi nel soffritto di verdure e continuare a cuocere.
6. Quando le verdure sono ben rosolate, aggiungete 200 millilitri di brodo e portate a ebollizione.
7. Quando il brodo diventa asciutto e appiccicoso come uno stufato, aggiungere i cipollotti tritati.
8. Mettete il tutto in una ciotola «hot pot» coreana (se ne avete una, altrimenti va bene una ciotola normale), aggiungete un cucchiaio di miele e servite con un piatto di cavolo al vapore.

8

Benessere

안녕

ANNYEONG

Benessere

안녕

annyeong

Destinazione: Busan 부산

Busan: la Barcellona della Corea

Per andare da Seoul a Busan in treno ci vogliono circa due ore e mezzo. Vi assicuro che non sarete attaccati da vampiri zombie come nel film di successo *Train to Busan.* Sebbene la pellicola abbia reso famosa la seconda città più grande della Corea, Busan in realtà è l'opposto di un film dell'orrore. È la capitale del benessere del Paese, sede delle spiagge più belle, di ristoranti alla moda e del famoso Busan International Film Festival.

Per gli amanti dell'arte, Busan è una rivelazione assoluta. Da menzionare, in particolare, i murales colorati e i graffiti selvaggi, che riempiono le strade ovunque si vada. A differenza di molti altri Paesi, a Busan gli street artist coreani vengono celebrati e incoraggiati a ricoprire la città con la loro creatività. Al Gamcheon Culture Village, noto anche come il *Machu Picchu* di Busan, sono state costruite piccole case a schiera sulle colline che dominano la città e gli artisti sono stati invitati dal governo a dipingere murales ovunque. Questo amore e apprezzamento per l'arte ha naturalmente portato artisti di tutto il mondo a esporre qui – tra cui Adele Renault, di Amsterdam, famosa per aver dipinto enormi murales di piccioni.

Gamcheon, villaggio culturale di Busan
Indirizzo: 203, Gamnae 2-ro Saha-gu, Busan
Tel.: +82 51-204-1444
Sito web: www.gamcheon.or.kr

L'arte di guarire

Se il ventunesimo secolo avesse una parola d'ordine, questa sarebbe «benessere». Prendersi cura di sé attraverso l'erboristeria, l'alimentazione e i massaggi non è più praticato solo da coloro che una volta venivano etichettati come «salutisti». Oggi il benessere è ovunque ed è altrettanto probabile che un amministratore delegato di alto livello canti le lodi della sauna e della meditazione quanto il vostro insegnante di yoga.

Per i coreani che osservano l'emergere della mania del benessere, dev'essere davvero curioso.

Nonostante si tratti di una cultura che si muove a velocità vertiginosa, ha anche radici profonde nelle pratiche della guarigione e del benessere. Infatti, tutto ciò che il resto mondo sta abbracciando solo ora, è stata una parte fondamentale della vita coreana per oltre mille anni.

A Busan, la pratica del benessere potrebbe essere considerata una forma d'arte al pari dei murales. La città vi si dedica, vantando circa quattrocentocinquanta *jimjilbang*, o bagni termali, il maggior numero in Corea. Punto fermo della vita coreana, il *jimjilbang* è un bagno separato per sessi, aperto ventiquattr'ore su ventiquattro, che offre piscine a immersione, saune e massaggi.

Il più grande e lussuoso *jimjilbang* di Busan è Spa Land, situato all'interno dei grandi magazzini Shinsegae Centum City, il più vasto centro commerciale del mondo. L'acqua termale dei bagni e delle piscine di Spa Land viene pompata da due sorgenti calde che si trovano a mille metri di profondità. Una di esse contiene cloruro di calcio, l'altra cloruro di sodio (simile all'acqua di mare), entrambi ritenuti utili per la pelle, la circolazione e per alleviare i dolori nervosi e alla schiena. Ci sono diciotto diversi bagni termali a temperature diverse, tredici saune a tema, una stanza del sale, una del ghiaccio e una stanza piramidale per assorbire l'energia cosmica. Si dice che anche i coreani rimangano sbalorditi quando vi si recano.

Spa Land Centum City
Indirizzo: 35 Centumnam-daero, Haeundae-gu, Busan, Corea del Sud
Tel.: +82 51-745-2900
Sito web: www.shinsegae.com

Immersioni, saune, massaggi, respirazione

Chiedere alle persone in Occidente di trovare il tempo per rilassarsi non è così facile come sembra. Sappiamo che prendersi del tempo per se stessi è essenziale per prevenire l'esaurimento, ma alcuni temono che questo venga giudicato come pigrizia.

In Corea è il contrario. Qui l'arte del relax è in mostra al *jimjilbang*. I coreani posso passare anche un'intera giornata negli stabilimenti termali per riposare e rigenerarsi, e le ricerche gli danno ragione – per non parlare dei reali, che nella dinastia Joseon si recavano alle sorgenti termali per recuperare le energie.

Gli studi dimostrano chiaramente che il rilassamento rafforza il sistema immunitario, riduce lo stress e la tensione e migliora la produttività e la concentrazione. La sauna può abbassare la pressione sanguigna, ridurre il mal di testa e aumentare le endorfine.

Una visita a un bagno coreano è un'esperienza meravigliosa. Secondo una credenza coreana, non si è veramente amici di qualcuno finché non si visita insieme un bagno! È obbligatorio essere nudi, ma non preoccupatevi, lo sono tutti e nessuno vi fissa. Una volta lì, troverete vasche con acqua a diverse temperature dove immergervi per aiutare la circolazione e il rilassamento dei muscoli, e alcune possono anche essere riempite con erbe o sali. Le saune possono contenere sale dell'Himalaya per la circolazione, o giada per aiutare l'artrite.

I massaggi vengono effettuati nei bagni di vapore per liberare il corpo dalle tossine.

La mia prima visita a una spa coreana è stata per un massaggio, ed è stato qualcosa che non dimenticherò mai. Sono entrata in una stanza completamente in pietra, mentre del vapore veniva pompato all'interno. La massaggiatrice, una donna minuta che indossava un costume da bagno a due pezzi, si è occupata di lavarmi e poi di spazzolare a secco il mio corpo con quello che sembrava un rastrello da giardino. Poi è arrivata una spazzola di setole, seguita da un olio caldo e da forti mani che sono penetrate in profondità nei miei muscoli e tessuti. Quella notte ho dormito così bene che mi sono svegliata piena di energia e di gioia.

Un altro momento memorabile, e forse una delle mie più singolari avventure in ambito benessere, è avvenuto dopo aver trascorso una giornata a salire i mille gradini verso il Bomunsa Temple, situato sulla montagna Sangbongsan, sull'isola di Seokomodo. Alla fine del sentiero, un *Maaeseokbuljwasang*, ovvero una statua del Buddha seduto scolpita nella roccia, ci aspettava. Abbiamo espresso i nostri desideri davanti alla statua alta dieci metri e poi siamo tornati indietro.

Alla fine i miei piedi erano così doloranti e bollenti che sarei riuscita a malapena a fare un altro passo. Gli amici mi hanno portato in un centro benessere comunale all'aperto nella vicina campagna. Artificialmente costruiti intorno a delle sorgenti minerali calde, questi centri gratuiti si possono trovare in tutta la Corea. Ci si siede su delle panchine di legno o di pietra e si immergono i piedi in acque ricche di magnesio, calcio e sodio – che si dice allevi dolori vari e l'artrite. Ho immerso i piedi e le gambe nell'acqua che scorreva e ribolliva e mi sono sentita immediatamente ristorata.

Dieci passi per una pelle luminosa

Oltre al K-pop e ai K-drama, l'altro fenomeno coreano che potrebbe far parte della vostra vita oggi è la K-beauty. Avete mai usato detergenti, maschere per il viso o creme idratanti di Amorepacific, Cosrx, Innisfee o Sulwhasoo? Tutti coreani.

Dato che la domanda di prodotti coreani per la cura della pelle è relativamente recente, il fatto che si preveda un guadagno di 13,9 miliardi di dollari entro il 2027 vi dice tutto quello che c'è da sapere su quanto il mondo ne vada matto.

Perché la K-beauty è decollata come un razzo? Credo che sia una combinazione di ricerca e sviluppo ad alta tecnologia, ingredienti puri, efficacia e diffusione sui social media. A prescindere dalle promesse pubblicitarie, le donne oggi non comprano un prodotto che non dia risultati. La K-beauty funziona, come vi diranno le beauty blogger, le riviste e le chat su Internet. Hanno anche le foto del «prima» e «dopo» come prova!

In Corea, l'attenzione per la bellezza e la salute inizia da giovani. Ai bambini coreani viene insegnato a detergere, idratare e usare la crema solare, e all'età di diciotto anni una routine di cura della pelle che richiede trenta minuti al giorno è parte integrante della loro vita.

L'ideale è la pelle *Chok-Chok*: turgida, luminosa e giovane. L'ormai famosa routine coreana di cura della pelle in dieci fasi è nata grazie all'azione incrociata della ricerca scientifica e della domanda di prodotti che garantiscano quel viso *Chok-Chok*. Le maschere a fogli, i sieri, le essenze e le BB cream non sono un lusso, ma un must sugli scaffali coreani.

La famosa skincare routine coreana in 10 fasi

Fase 1: olio detergente
Fase 2: detergente a base d'acqua
Fase 3: esfoliante
Fase 4: tonico
Fase 5: essenza
Fase 6: trattamenti con siero, booster o fiale
Fase 7: maschera viso in fogli
Fase 8: crema per gli occhi
Fase 9: crema idratante
Fase 10: crema solare

Credo che un'altra ragione per cui le donne coreane hanno una pelle così eccellente sia la loro dieta, che prevede soprattutto verdure, frutta, radici e zuppe. A differenza degli occidentali, mangiano carne e proteine solo in piccole quantità.

È vero che in Corea esiste una cultura della chirurgia plastica – quello delle doppie palpebre è uno degli interventi più popolari – che sembra aumentare grazie a un mercato del lavoro competitivo e all'influenza delle celebrità coreane. Tuttavia, vedo la ricerca di una bella pelle come una questione di salute oltre che di estetica, che si rifà alla pratica tradizionale coreana di mantenere il corpo in equilibrio.

Quando sono andata in Corea la prima volta, ho visitato il *flagship store* Sulwhasoo a Gangnam, il più grande negozio di prodotti per la pelle del Paese. Tutti i prodotti sono basati sulla radice del ginseng coreano, considerata pianta curativa. È molto interessante vedere l'esposizione di creme e lozioni originali prodotte dal fondatore Suh Sung-whan, la cui madre preparava olio di semi di camelia per capelli nella loro città natale, Kaesong (ora in Corea del Nord), negli anni Trenta. Sung-whan ha lavorato al suo fianco mentre lei miscelava anche creme per il viso, e nel 1945 ha assunto la direzione dell'azienda per creare prodotti che utilizzassero il ginseng come ingrediente principale.

Ho fatto una pulizia del viso e posso solo dire che sono uscita con l'aspetto di una venticinquenne e con la sensazione di camminare sull'aria!

I coreani sono audaci quando si tratta di cura della pelle e utilizzano ingredienti che non si direbbe possano finire sulla mensola del bagno, figuriamoci sul viso. Latte d'asina? Sì! Cavallucci marini? Assolutamente sì. Gli studi dimostrano che questi pesci contengono proprietà antiossidanti e antinfiammatorie e l'isola di Jeju (vedi capitolo 9) ospita il più grande allevamento di cavallucci marini del mondo.

Ho avuto l'onore di fare un giro con il fondatore Noh Sum, che ha iniziato a studiare i cavallucci marini per le loro qualità medicinali ancora prima di applicarle alla linea di trattamenti per la pelle *Rarita*, prodotta lì. Mi ha rivelato che la crema e le maschere all'estratto di cavalluccio marino sono state inizialmente sviluppate per sua moglie, che ha una pelle molto sensibile. L'ho incontrata e sembrava avere trent'anni – ne aveva cinquanta. La sua carnagione era impeccabile.

In un edificio pieno di centinaia di vasche di acqua dell'oceano di Jeju, i cavallucci marini vengono allevati, poi essiccati, raffinati e mescolati con collagene marino e altri ingredienti per produrre creme e maschere antiossidanti. Naturalmente non vedevo l'ora di usare i loro prodotti.

Onestamente la mia pelle e il mio incarnato non sono mai stati così lisci. È stato come mettere sul viso una crema sottile e umida di velluto marino dell'isola di Jeju.

Ma se pensate che i cavallucci marini non siano sufficienti nella vostra ricerca di una pelle perfetta, che ne dite di un trattamento viso coreano all'oro? I professionisti sostengono che, utilizzando maschere e sieri in lamina d'oro 24 carati come parte della routine di cura della pelle, si rimuovano le tossine e si rassodi la pelle (anche se nessuna ricerca clinica lo conferma).

E sarebbe negligente da parte mia non menzionare il «facial» vaginale coreano, un vapore alle erbe per le vostre parti intime che promette di alleviare i crampi mestruali. Questo è davvero per le più coraggiose.

Flagship store Sulwhasoo
Indirizzo: 18 Dosan-daero 45-gil, Sinsa-dong, Gangnam-gu, Seoul
Tel.: +82 2-541-9270
Sito web: www.sulwhasoo.com

Barbie Mania e il bacio del vampiro

Quand'ero bambina, adoravo giocare con la mia bambola Barbie, come milioni di bambini in tutto il mondo. Mi piaceva fingere di essere una maestra con la mia

Barbie, emulando mia madre che insegnava. Le cambiavo spesso i vestiti e insieme alle mie amiche inventavamo scenette e storie con le nostre bambole, nutrendo la nostra immaginazione. Erano i nostri avatar quando avevamo sei anni. Poi, siamo cresciute.

Da adulta, sono diventata come prima cosa produttrice cinematografica e ho prodotto il film cult *Vampire's Kiss* (*Stress da vampiro*), con Nicolas Cage in uno dei più formidabili ruoli che gli siano mai stati affidati. Nemmeno nei miei sogni più folli avrei immaginato che un giorno milioni di donne, soprattutto in Corea, avrebbero cercato di somigliare alla mia bambola d'infanzia usando la chirurgia estetica, o che il trattamento facciale «vampiro» coreano, che prevede l'iniezione del vostro stesso sangue – dopo averne estratto il plasma – nel viso per stimolare il collagene, avrebbe iniziato una *beauty revolution*!

La Corea ha il più alto tasso di interventi di chirurgia plastica pro capite al mondo. Un'indagine di Gallup Corea ha rivelato che una donna su tre tra i 19 e i 29 anni si è sottoposta a interventi di chirurgia estetica. È bizzarro per la nazione che è immersa nel buddismo zen e che sposa l'accettazione sopra ogni cosa. Inoltre, le donne coreane sono le più longeve del mondo e uno dei loro mantra è: «L'imperfezione è perfezione». Tuttavia, ovunque nella metropolitana di Seoul compaiono pubblicità per interventi di chirurgia plastica, con tanto di foto «prima» e «dopo», che promettono un viso da

Barbie che non invecchierà mai. In Corea c'è un'intensa pressione a sembrare sempre giovani che ritengo molto dannosa.

La mania coreana per la chirurgia plastica è cominciata dopo la guerra di Corea, quando i medici militari delle Nazioni Unite e degli Usa eseguivano interventi di chirurgia ricostruttiva sulle vittime della guerra. Da quel momento, la pratica è aumentata ed è rafforzata da un mercato del lavoro competitivo e dal fenomeno *Hallyu* del K-pop e dei K-drama. Le star si sottopongono a chirurgia e i loro fan li imitano. Gli interventi più popolari in Corea sono il taglio della doppia palpebra, ricostruzione degli zigomi e della mascella, protesi al seno e rinoplastica.

Persino gli stranieri vengono in Corea per la chirurgia, per via delle tecniche innovative e minimamente invasive. Ci sono così tanti turisti «da chirurgia plastica» che si è presa in considerazione l'idea di aprire un centro specializzato all'interno di uno dei terminal dell'aeroporto internazionale di Seoul Incheon. I dottori si sono opposti perché non avrebbe lasciato abbastanza tempo per il periodo di convalescenza.

Ho sempre adorato mia nonna Becky, che consideravo una bellezza naturale. Ha sempre fatto sport, mangiato in modo sano e usava solo acqua e sapone per lavarsi il visto. Si è tinta i capelli di biondo quando sono diventati grigi, ma è stata una semplice estensione del suo regime di bellezza. Fino a quando è morta, in veneranda età, Becky è sempre stata bellissima.

Qualche anno fa, mia sorella minore si faceva fare iniezioni di botox regolarmente, e mi pregava perché facessi lo stesso. Mi diceva che le rughe dei i miei occhi erano spaventose! Io insistevo di averle guadagnate e le ricordavo di Becky, ma mia sorella era davvero persistente, così ho ceduto. Ho fatto una dose di botox e sinceramente non ho visto nessuna differenza sul momento.

Il giorno seguente però era tutta un'altra storia. Al mio risveglio ho trovato un'immensa pozza di liquido formatasi sotto il mio occhio. Cosa avevo fatto? Ho chiamato mia sorella che mi ha assicurato che il mio viso sarebbe tornato alla normalità, cosa che ha fatto, *dopo due settimane.* Quella è stata la mia unica esperienza con una procedura non chirurgica e ho giurato che non l'avrei mai più rifatto.

Ovviamente invecchiando noto nuove linee e rughe, e mi preoccupo un po' per il mio mento. È doppio adesso? E da dove arrivano tutti quei puntini marroni sulle mie gambe e sulle mie braccia? Sto diventato un dalmata? Vedo i cambiamenti nel mio viso e nel mio corpo, ma scelgo di praticare l'accettazione e la contentezza che insegna il buddismo coreano. Invece di un trattamento facciale vampiro, preferisco fare un tuffo nell'acqua gelida di un lago o dell'oceano, che rassoda la mia pelle, la mantiene luminosa e soprattutto dà energia a tutto il mio organismo.

Non c'è nessun modo, né rapido né duraturo, per farmi apparire come apparivo a vent'anni; quindi preferisco accogliere ogni anno della mia vita e ricordarmi del saggio monaco che mi disse: «Ora siamo felici». Mi intristisco quando leggo di quante giovani coreane desiderino diventare delle Barbie umane. I nostri corpi al naturale ci distinguono e ci rendono esseri umani. La frenesia della chirurgia plastica sta creando una popolazione omologata all'interno della quale potremmo distinguerci solo grazie alle impronte digitali. Spero che questa mania scemi e che la ricerca della bellezza vada a concentrarsi sulla salute, dimostrando l'antica pratica coreana del portare il corpo in uno stato di equilibrio.

Elisir di tè

Credo che uno dei segreti dell'ottima pelle e della buona salute dei coreani sia il tè.

Ho imparato a bere il tè durante i miei numerosi viaggi in Inghilterra, ma berlo in Corea è un'esperienza completamente diversa. Non si tratta della solita tazza di English Breakfast. Riuscite a immaginare di sorseggiare una tazza di tè al cavalluccio marino? Be', io l'ho fatto: il gusto era sorprendentemente rinfrescante e sofisticato. Aveva un leggero accento erbaceo, persino dolce. Altamente raccomandato!

Molti tè in Corea sono prodotti con alberi, radici ed erbe che si trovano solo in loco. Sono molto apprezzati per le loro proprietà medicinali: alcuni coreani iniziano la mattinata bevendo tè, altri ci concludono la giornata. Viene anche assunto prima della meditazione e come bevanda curativa durante il riposo. Il tè alla prugna è uno dei tè più popolari e viene bevuto dopo i pasti. I coreani ritengono che questo tè aiuti a combattere la stanchezza e sia detox. Anche il tè di giuggiola è molto diffuso, considerato utile per difendersi dal raffreddore e ridurre la febbre.

Il mio preferito è il tè coreano all'ago di pino, *sollip-cha*, che ho sorseggiato per la prima volta in una delle più antiche case da tè di Seoul – viene servito soprattutto nelle case da tè tradizionali, piuttosto che nei caffè di strada. Aveva un gusto pulito e frizzante di agrumi, con il familiare profumo di pino. Prodotto con aghi freschi, essiccati o fermentati di pino rosso coreano, contiene quattro volte la vitamina C di un succo d'arancia fresco ed è ricco di vitamina A.

Funziona come decongestionante ed è ottimo per il mal di gola, ma non è raccomandato per le donne in gravidanza. Ho anche bevuto del tè all'ago di pino ghiacciato durante un'estate ferocemente calda mentre facevo un'escursione in Corea ed è stato molto rinfrescante. La mia amica scrittrice Kyung-sook Shin dice che quando beve un sorso di questo tè si sente come se fosse in un tempio nella foresta profonda.

Erbe e dieta

L'aspettativa di vita in Corea è destinata a raggiungere i 90 anni per le donne e gli 84 per gli uomini – la più alta di tutti i Paesi del mondo. Una delle ragioni si trova nella cucina coreana – soprattutto nel piatto di sottaceti e cavoli fermentati *kimchi*. Ricco di vitamine e probiotici per una buona digestione, è stato recentemente etichettato come uno degli alimenti più sani al mondo da Health.com. Nel 2021 le esportazioni di *kimchi* hanno fruttato alla Corea l'incredibile cifra di 159,9 milioni di dollari. Il mondo ha sicuramente capito i suoi benefici!

Potrebbe esserci anche un'altra arma segreta – dopotutto, perché fermarsi a una sola? L'erba delle radici del ginseng coreano. Mangiata cruda, assunta in polvere o sotto forma di tè, è la tuttofare tra le erbe: si dice rafforzi il fegato e il sistema immunitario, combatta la stanchezza, riduca le infiammazioni e, per gli uomini, migliori la disfunzione erettile.

Mentre la medicina occidentale è standard, la pratica dell'*Hanbang*, o medicina tradizionale, fa sì che tanti coreani assumano molti rimedi a base di erbe per piccoli disturbi. La mia collega Sue Park ricorda di essere andata spesso da un erborista o da un agopunturista coreano durante la sua adolescenza in Corea.

«Penso che i coreani vadano dal medico quando ritengono di avere una grave condizione di salute, sono stati coinvolti in incidenti o hanno subito lesioni», osserva l'autrice.

«Di solito è quando si hanno problemi più lievi che si va dall'erborista, o quando si vuole mantenere la forma fisica o abituarsi a uno stile di vita e una dieta più sani».

Per quanto riguarda le erbe e le radici che le persone finiscono per assumere, dice che può essere qualsiasi cosa che abbia un qualche effetto medicinale.

«Corno di cervo per la cistifellea, ginseng, zenzero, tutti i tipi di piante e cose strane... Credo che dipenda molto da ogni intruglio a base di erbe. Ogni mix è personalizzato a seconda del paziente, quindi gli ingredienti sono diversi per ogni persona e per ogni occasione».

Un luogo da aggiungere al vostro itinerario del benessere è il Donguibogam Village a Sancheong, un parco il cui «tema» è la medicina a base di erbe. Qui potrete sintonizzare la vostra energia nel centro di esperienza *Hanbang Chi* («forza vitale»), imparare la storia di cinquemila anni della guarigione coreana nel Museo della Medicina Erboristica, e poi mangiare un pasto cucinato con erbe medicinali.

Villaggio Donguibogam, Sancheong
Indirizzo: 45-6#555 Road, Donguibogam-ro, Sancheong-gun, Gyeongnam
Tel.: +82 55-970-7201

Una pratica vecchia di diecimila anni

Le mie antenne sono sempre su, specialmente quando viaggio. Cosa scoprirò oggi? Un pomeriggio passeggiavo per Mullae-dong, un quartiere che un tempo era parte dell'area industriale di Seoul. Oggi è diventato molto alla moda e si è riempito di gallerie d'arte, negozi e ristoranti. Improvvisamente, un piccolo edificio bianco ha catturato la mia attenzione.

Ho dato un'occhiata all'interno dalla finestra e ho visto una fila di statue di ceramica bianca rappresentanti il corpo umano nelle pose più diverse. Uhm, l'ufficio di un dottore? Poi ho visto dei poster sui quali erano rappresentati altri corpi in altre posture. Ho pensato dovesse essere uno studio di yoga molto cool. Visto che pratico yoga, sono entrata immediatamente.

Ho scoperto che non si trattava di yoga, ma di uno studio di *Kouk Sun Do*. Conosciuta anche come *Sundo*, è una pratica taoista di meditazione olistica che usa il «respiro del profondo centro dell'energia addominale» insieme a dei movimenti corporali per forgiare il corpo, la mente e lo spirito. Mi è sembrato essere molto simile allo yoga, quindi mi ha interessato immediatamente. Sono stata molto fortunata perché stava per iniziare una lezione ed ero la benvenuta. Poiché non avevo i vestiti giusti – ovvero una giacca e dei pantaloni molto simili a una divisa per le arti marziali – si sono offerti di prestarmi un outfit.

Prima che la lezione iniziasse, ho dato un'occhiata alla libreria dello studio. Mi ha attraversato la mente il pensiero che probabilmente ero l'unica occidentale a scoprire questa pratica vecchia di quasi diecimila anni. E, visto che si tratta di me, ho comprato tutti i libri che ho trovato, mi sono riempita le braccia di poster e ho anche provato a portare via con me una di quelle piccole sculture che sfortunatamente non erano in vendita. Non vedevo l'ora di raccontarlo ai miei amici. Lo yoga è già un'industria da miliardi di dollari, il *Kouk-Sun Do* può essere la prossima!

Poco prima dell'inizio della lezione, mi sono infilata nell'outfit striminzito che a malapena copriva le mie forme. Da quando sono entrata in classe, ero terrorizzata che le cuciture dei pantaloni potessero esplodere da un momento all'altro.

Mi sono unita agli altri studenti, praticanti esperti di *Sundo.* La lezione era tenuta in coreano quindi ho dovuto seguire guardando gli altri. Ho capito subito che il *Sundo* non è yoga mentre i miei compagni mi ruotavano intorno come bambole *roly poly*. Per me, i movimenti risultavano totalmente estranei, quindi mi limitavo a rotolare intorno piuttosto che cercare di entrare in posture da mantenere insieme alla respirazione.

In qualche modo, sono arrivata viva alla fine della lezione. Avevo sudato molto, ma se non altro il mio outfit era intatto e sinceramente quella era la mia più grande preoccupazione. Forse non avevo padroneggiato i movimenti, ma ero molto contenta di aver scoperto quell'antica forma di arte meditativa.

Ho lasciato lo studio e mi sono diretta in fretta a casa della mia amica Kyung-sook Shin, dov'ero invitata a cena. Come me, Shin pratica yoga da anni e tra poco pubblicherà un libro sull'argomento. Le ho mostrato fiera tutto il materiale che avevo comprato e descritto la lezione e persino i miei tentativi di padroneggiare una postura.

«Sinceramente, pensavo che il mio outfit sarebbe esploso», ho confessato.

Shin ha iniziato a ridere e non riusciva più a fermarsi.

«Barbara, è vero, è una pratica antica, ma nessuno la segue!», ha detto, mentre mi preparava una tazza di tè calmante.

La cena è stata ottima, e abbiamo riso dall'inizio alla fine pensando alla mia ultima avventura coreana.

La foresta curativa

I coreani apprezzano l'attività fisica (vedi capitolo 5) e l'escursionismo è il passatempo nazionale. Conoscendo il valore terapeutico dello stare in mezzo alla natura, i coreani sono passati al livello superiore, costruendo foreste curative ecologiche in tutto il Paese.

La Busan Healing Forest, alla periferia del monte Ahopsan, è stata inaugurata nel 2017 e il suo scopo è proprio nel nome: è un luogo di guarigione. Si può percorrere liberamente qualsiasi sentiero a piedi nella foresta, oppure partecipare ad attività come la consumazione di tè, la meditazione o le passeggiate per conoscere le piante curative.

A differenza di un bagno al *jimjilbang*, quando si fa il «bagno nella foresta», *Salim Yok*, è sufficiente camminare lentamente tra gli alberi per attivare i cinque sensi, respirare profondamente e godersi il paesaggio. È facile come sembra e i benefici sono incredibili. Le ricerche hanno dimostrato che trascorrere del tempo in un bosco riduce lo stress, rafforza il sistema immunitario e genera sensazioni di benessere e positività. È un regalo che si può fare a se stessi, facendosi avvolgere dal profumo dei pini.

Lezioni di benessere

- Trattate il vostro corpo come un tempio. Il cibo sano e le erbe sono la chiave per una buona salute.
- Prendersi cura della pelle non è un lusso, ma parte della routine quotidiana di benessere.
- Il tè è una medicina. Calma la mente e disintossica il corpo.
- Passate del tempo all'aria aperta. Passeggiare nella foresta è un regalo a voi stessi che rafforza il sistema immunitario.

- Un massaggio o una sauna abbassano la pressione sanguigna e aumentano le endorfine.
- Non considerate il benessere come una moda, ma come una pratica che dura tutta la vita.

Ricette
KIMCHI

Di *Dongkyung Lee*

Dongkyung è la madre della mia socia, Sue Park. Curiosamente, all'inizio non era fan del *kimchi*.

«Sono cresciuta mangiando il *kimchi* di cavolo di mia mamma cucinato nello stile di Gyeongsang, conosciuto per essere particolarmente salato visto che tra gli ingredienti ci sono vari frutti di mare. Vengo da Ulsan, una città portuale nella provincia di Gyeongsang, la cui specialità locale è il *jeotgal* – la fermentazione di tutti i tipi di frutti di mare usando molto sale: dai calamari alle ostriche alle uova di pesce e alle acciughe. Questo famoso piatto è così invitante che viene chiamato "ladri di riso al vapore" perché divorereste ciotole e ciotole di riso al vapore, senza nemmeno rendervene conto, quando è condito con il *jeotgal*.

«Sebbene ogni provincia, per non parlare di ogni famiglia, segue ricette drasticamente diverse per il *kimchi* di cavolo, quello convenzionale di Gyeongsang contiene sempre il *jeotgal*, il che lo rende il più salato *kimchi* del Paese.

«Per quanto io ami i frutti di mare e il *kimchi* di cavolo, entrambi hanno un retrogusto molto particolare e non è per tutti. A mia madre non l'ho confessato, ma non mi è mai piaciuto.

«Per questo da quando mi sono sposata, mi sono sempre rifiutata di cucinare il *kimchi*: è un processo lungo e difficile, e se non sono in grado di apprezzarlo profondamente, perché fare questo sforzo? Ma quando sono andata a trovare mia sorella maggiore e ho assaggiato il suo *kimchi* di cavolo fatto in casa – così diverso da quello di nostra madre – sono rimasta a bocca aperta. Mia sorella ha sposato un uomo di una provincia diversa dalla nostra, famosa per le sue ricette gourmet, e ha adottato alcuni degli ingredienti usati nella sua città d'origine e alcune variazioni alla ricetta per liberare il suo *kimchi* da quel forte retrogusto di Gyeongsang. Il suo *kimchi* ha questo unico, sano aroma che mi ha pulito il palato, e non potevo smettere di servirmene!

«Mi ha insegnato la sua ricetta e l'ho rivisitata durante gli anni per adattarla ai gusti della mia famiglia. Questa ricetta è nata da culture locali coreane diverse tra loro, dalle mie preferenze personali e da anni di ritocchi.

«Il processo di realizzazione e fermentazione del *kimchi* è notoriamente complicato e di solito non è il lavoro di una sola persona, visto che si trattava di un evento comunitario e intergenerazionale. Ho provato a semplificarne le fasi, ma sono cosciente che la ricetta sia ancora intimidatoria sebbene, credetemi, è davvero ridotta all'osso!».

Ingredienti
(potete trovare tutti gli ingredienti in un mercato coreano)

10 cavoli cinesi di media grandezza
5 ravanelli di media grandezza
4 cipolle verdi
20 g di erba cipollina

Brodo

3 mele secche tagliate a fettine
10 funghi shiitake secchi
10 datteri secchi (denocciolati)
100 g di ravanelli secchi
100 g di alghe secche

Salsa di riso glutinosa

500 g di polvere di riso dolce

Salsa

10 bulbi di aglio
5 bulbi di cipolla
50 g di zenzero
2 pere coreane
300 g di gamberetti salati in salamoia
20 gamberetti surgelati crudi (sgusciati, senza testa)

Additivi

1,5 kg di fiocchi di pepe rosso essiccati
500 ml di salsa di pesce
Sale marino (*Grog Sol*); questo è l'unico sale utilizzato per la ricetta del *kimchi*

Strumenti

2 grandi ciotole per il processo di salatura
3-4 grandi contenitori di plastica per il processo di fermentazione
Tritatutto

Preparazione

Giorno 1 (iniziate nel tardo pomeriggio o in prima serata)

1. Tagliate tutti i cavoli non lavati a metà, in verticale, e lasciateli in una grande ciotola piena di acqua salata per tutta la notte (almeno 12 ore). L'acqua deve essere salata come l'acqua di mare. Dopo le prime 6 ore, è necessario girare i cavoli in modo che assorbano l'acqua in modo uniforme. I cavoli verranno lavati alla fine del processo di salatura di 12 ore, ma è fondamentale non sciacquarli in questa fase.

2. Mentre preparate i cavoli, preparate anche i ravanelli. Lavate accuratamente i ravanelli di media grandezza, tagliateli in otto pezzi e metteteli sotto sale, in una ciotola capiente. Utilizzate circa 200 grammi di sale. Lasciateli riposare per 12 ore. Durante queste ore di attesa, è necessario girare i ravanelli circa tre o quattro volte, in modo che il sale si distribuisca uniformemente.
3. Mentre i cavoli e i ravanelli sono sotto sale, fate bollire 3 litri d'acqua in una grande pentola e, una volta che l'acqua bolle, buttateci tutti gli ingredienti secchi per il brodo. Cuoceteli per 10 minuti. Una volta raffreddato, separate gli ingredienti secchi dal brodo. Si utilizzerà solo quest'ultimo.
4. Dopo aver preparato il brodo, mescolare la polvere di riso dolce e il brodo finché il composto non diventa appiccicoso come un tipico porridge di riso. Fate bollire questo composto e lasciatelo raffreddare per una notte. È necessario un litro di questa salsa di riso glutinosa. Non mettetela in frigorifero.

Giorno 2

1. Il giorno successivo, lavate accuratamente i cavoli. Nel frattempo, lasciate scolare i ravanelli in uno scolapasta, poi lasciate scolare anche i cavoli in uno scolapasta, per circa 1-2 ore.

2. Lavate, spuntate e mettete in un tritatutto i bulbi d'aglio, la cipolla, lo zenzero, le pere coreane con 300 grammi di gamberetti salati in salamoia e 20 gamberetti crudi surgelati sgusciati, e aggiungete 100 millilitri di brodo. Quindi tritare il tutto finché il composto non diventa un po' granuloso ma fine, come la tipica pasta di peperoni rossi.
3. Mettete gli ingredienti macinati in una grande ciotola e aggiungete 500 millilitri di salsa di pesce e 1,5 chili di fiocchi di pepe rosso essiccati. Aggiungete a questo composto la salsa di riso glutinosa. Mescolate il tutto aggiungendo un po' di brodo finché il composto non risulta acquoso come il ketchup.
4. Tritate le cipolle verdi e l'erba cipollina in pezzi della grandezza di un dito. Aggiungeteli al composto e assaggiatelo. Ora assaggiate il composto e aggiungete il sale grosso *Grog Sol* qualora non fosse abbastanza salato. Se il composto è un po' più salato del *kimchi* che vi piace solitamente, è perfetto.
5. Spalmate la salsa sui cavoli in modo uniforme e accurato (non utilizzate la salsa per i ravanelli). Ora preparate i contenitori di plastica in cui farete fermentare il *kimchi*. Mettete sul fondo uno strato di ravanelli non sgocciolati, poi mettete i cavoli con la salsa per lo strato successivo, quindi mettete un altro strato di ravanelli; ripetete questo processo, strato per strato, fino a riempire ogni contenitore.

6. Dovrebbero esserci alcune foglie particolarmente dure dei cavoli: mettetele sopra il *kimchi* prima di sigillare ogni contenitore.
7. Se lasciate il *kimchi* a temperatura ambiente, controllatelo dopo una settimana. Quando inizia a emanare un forte odore amaro, è fermentato e pronto per essere mangiato. Se invece lo tenete in frigo, in circa un mese sarà perfettamente fermentato.

9

Donne Haenyeo

해녀

Haenyeo

Donne Haenyeo

해녀

haenyeo

Destinazione: Isola di Jeju 제주도

Andiamo a Jeju!

Il modo migliore per vedere davvero la Corea è viaggiare con la gente del luogo. Sono stata straordinariamente fortunata ad avere la mia amica Kyung-sook Shin che mi ha portato in luoghi che i turisti vedono raramente, mete che ora posso condividere con voi. In verità, il mio viaggio in Corea non sarebbe stato possibile senza le conoscenze e il senso d'avventura di Kyung-sook.

Se dico: «*Haenyeo*», lei dice: «Isola di Jeju, andiamo!».

L'isola di Jeju si trova nello stretto di Corea, a un'ora di volo da Seoul. Jeju è un'isola di origine vulcanica e le splendide spiagge, i vulcani e le scogliere di lava hanno fatto sì che molti la chiamino «le Hawaii della Corea». In primavera e in estate l'isola è tappezzata di ciliegi e azalee rosa e rosse in fiore. Sulle montagne si trovano cascate scroscianti e pozze balneabili. E poi ci sono le grotte nei tunnel di lava di Jeju, considerate uno dei fenomeni naturali più straordinari al mondo.

Dopo l'atterraggio, abbiamo noleggiato un'auto e ci siamo allontanate dalla città. Fin da subito, Jeju mi ha sorpreso. Mi aspettavo un'isola piccola e remota, ma ho scoperto che la capitale, Jeju City, è una metropoli urbana fiorente e in crescita. Man mano che ci addentravamo nella campagna, gli edifici, i ristoranti, gli hotel e le attrazioni turistiche svanivano. Ci trovavamo ora nella Jeju della mia immaginazione, con l'erba color smeraldo e le formazioni rocciose vulcaniche che spuntavano dall'oceano turchese.

Molto amata dai turisti, Jeju è una delle isole più immacolate della Corea. Qui potrete vedere donne con cuffiette di cotone che raccolgono cetrioli e papaie. L'agricoltura ecologica è un grande business, con gli agricoltori che si uniscono in collettivi per vendere cassette di frutta e verdura per la terraferma e la gente del posto. Gli agricoltori di Jeju sono all'avanguardia in Corea con i loro metodi di coltivazione biologica, i collettivi e le pratiche ecocompatibili. Qui non troverete mandarini geneticamente modificati o clonati, ma frutta e verdura pure coltivate sotto il sole subtropicale.

Siamo finite in un piccolo hotel all'estremità dell'isola, abbiamo lasciato le valigie e abbiamo fatto una passeggiata nel villaggio. Le case erano minuscole, dipinte con colori pastello, rosa chiaro, verde e giallo. I loro piccoli giardini erano decorati con piastrelle colorate e conchiglie, segno che questo è un luogo in cui l'oceano fa parte della vita di tutti. Gli abitanti di Jeju stanno fuori per la maggior parte del tempo, coltivando, lavorando e giocando: nessuno sta seduto a casa davanti al computer o alla televisione giorno e notte. La natura è il miglior intrattenimento che si possa immaginare.

A Jeju, i contadini costruiscono muri di roccia vulcanica intorno alle loro fattorie per proteggere le coltivazioni dai venti. Abbiamo camminato lungo un sentiero sterrato che ci ha portate a una piccola fattoria. La terra era di un marrone cioccolato intenso e ci siamo chinate per prenderne una manciata. Al tatto era vellutata.

Abbiamo visitato una libreria nel piccolo borgo per vedere se avevano uno dei libri di Kyung-sook. Con nostra grande gioia, c'era. Lei non voleva fare storie, ma io ho annunciato con orgoglio che la famosa autrice era nel negozio. Ancora una volta ho osservato la grazia e l'umiltà della mia amica coreana. I coreani sono umili, non si vantano, sono riconoscenti.

Sappiate che il suo messaggio ai lettori in ogni libro che scrive è questo: «Mi onorerà se sarete gentili con gli altri, se sarete amici degli sconosciuti».

Le sirene della Corea

Sono venuta a Jeju per fare ricerche su un romanzo che pensavo di scrivere. Guidando dall'aeroporto verso la campagna ho visto strutture murarie in pietra vulcanica appartenenti alle *Haenyeo* – le donne palombare di Jeju – insieme a statue che le onoravano. Ero entrata nel mondo delle *Haenyeo*, le donne più potenti della Corea. Non vedevo l'ora di incontrarle e di ascoltare le loro storie.

Di età compresa tra i venti e gli ottant'anni, le *Haenyeo* si immergono in apnea a 5-20 metri di profondità indossando solo mute, pinne e maschere da sub – senza bombole di ossigeno – per raccogliere conchiglie, cetrioli di mare, abaloni e ricci di mare (stando attente a meduse e squali) che poi vendono al mercato. Le subacquee *Haenyeo* lavorano come un team di immersione e un collettivo commerciale: il *Jeong* in azione. Si dividono equamente il pescato, si sostengono a vicenda nella malattia e nel dolore e celebrano insieme la gioia.

Molte *Haenyeo* pregano le divinità del mare prima di immergersi, chiedendo protezione e una buona pesca. Con pesi di piombo intorno alla vita per aiutarsi a raggiungere il fondo, raccolgono fino a sette ore al giorno, per tre mesi all'anno. Durante ogni immersione trattengono il respiro per 1-2 minuti ed emettono un suono unico quando riemergono conosciuto come *sumbisori*, per espellere l'aria dai polmoni e avvisare la squadra che sono tornate e sono al sicuro.

Le donne *Haenyeo* dimostrano che l'età non è un ostacolo per fare ciò che si ama – ho incontrato *Haenyeo* ottantenni che mi hanno detto che non smetteranno di fare immersioni. Rispettano l'ecosistema marino, raccolgono solo in stagione e non pescano in eccesso. Credono che l'oceano dia a loro senza chiedere nulla in cambio.

Le prime madri lavoratrici della Corea

Le prime testimonianze di *Haenyeo* che si immergono alla ricerca di abaloni risalgono al 1629; quindi la loro conoscenza del mare e della vita marina non è solo generazionale, ma secolare. Due missionari che si recarono a Jeju nel 1899 rimasero così impressionati dalle *Haenyeo* da scrivere:

«Le donne di [Jeju] potrebbero essere chiamate le "Amazzoni della Corea". Non solo fanno tutto il lavoro, ma superano di gran lunga gli uomini in numero, e per le strade si incontrano tre donne ogni un uomo. Questo perché molti uomini sono fuori a navigare. Le donne sono più robuste e molto più belle delle loro sorelle sulla terraferma».

Le *Haenyeo* hanno iniziato a praticare le immersioni perché gli uomini erano spesso dispersi in mare a causa della pesca o della guerra, e loro venivano lasciate a mantenere le famiglie. Le mogli sostituivano i mariti in questo lavoro pericoloso, immergendosi anche in gravidanza.

In seguito, con gli uomini ridotti in schiavitù dai giapponesi e dai cinesi, le donne sono state nuovamente lasciate sole a sfamare le loro famiglie. Una *Haenyeo* mi ha raccontato che, anche se la popolazione maschile era aumentata sull'isola, avevano paura di far immergere gli uomini. Volevano proteggere la popolazione maschile perché era troppo preziosa.

Ogni pochi chilometri lungo la costa dell'isola di Jeju si possono vedere i *bulteok*, ovvero gli spogliatoi circolari in pietra dove tradizionalmente le donne si cambiavano d'abito, mangiavano, raccoglievano e distribuivano il pescato. Oggi si riuniscono anche all'interno di moderne capanne riscaldate, dipinte con paesaggi del mare e delle donne *Haenyeo*.

Formazione

Le subacquee *Haenyeo* si dividono in tre gruppi in base al livello di esperienza: *Hagun* (principianti), *Junggun* (di media esperienza) e *Sanggun* (esperte). Queste ultime, venerate per la loro saggezza, fungono da guida alle altre. L'addestramento inizia da adolescenti e ci vogliono circa sette anni per terminare la formazione.

Molte *Haenyeo* si immergono anche a settanta e ottant'anni: un simbolo di resilienza come nessun altro. Le *Haenyeo* si immergono in gruppo, sempre attente le une alle altre. Se una *Haenyeo* non riesce a emergere in tempo, le altre si fermano per salvarla.

La possibilità della morte di una *Haenyeo*, nel caso in cui non riemerga in tempo, non è mai lontana dal loro pensieri. Nell'ultimo decennio sono morte circa cinquantacinque donne durante le immersioni, la maggior parte delle quali aveva più di settant'anni – per alcune c'erano condizioni di salute di base, per altre l'età.

Modelli

Oggi queste donne iconiche sono state designate dal governo provinciale come rappresentanti del carattere dell'isola e dello spirito del popolo. Le *Haenyeo* di Jeju hanno anche contribuito molto all'avanzamento dello status delle donne nella comunità. Inoltre, promuovono la sostenibilità ambientale con i loro metodi ecologici e la gestione sostenibile delle pratiche di pesca.

Per me, le *Haenyeo* sono esempi straordinari di forza, bellezza, legami e successo. Ho avuto l'onore di incontrare alcune di loro, donne così dignitose e potenti che non sono definite dagli uomini o dalla società. Hanno creato le loro regole. E governano!

Non sorprende quindi che, date le loro vite straordinarie e le loro personalità impavide, le *Haenyeo* siano state protagoniste di numerosi K-drama e K-movie. *Mia madre la sirena* (2004) parla di una madre che era una subacquea, mentre *Canola* (2016) vede una nonna *Haenyeo* di Jeju alle prese con la nipote ribelle di Seoul.

Incontrare le sirene

Se volete vedere le *Haenyeo* in azione mentre visitate l'isola di Jeju, programmate un'escursione al Sunrise Peak, detto anche *Seongsan Ilchulbong*. Formatosi più di cinquemila anni fa, è un vulcano di 182 metri con un cratere boscoso. Ogni giorno (alle 13,30 e alle 15,00) è possibile assistere allo spettacolo delle donne subacquee, durante il quale le *Haenyeo* cantano canzoni tradizionali, si immergono e poi condividono il pescato con i presenti.

Dopo averle viste di persona, recatevi al Museo *Haenyeo*. È un'esperienza profondamente commovente conoscere la loro storia, la loro vita lavorativa e la loro straordinaria coesistenza con l'oceano che dura tuttora.

Il problema più importante che le *Haenyeo* devono affrontare oggi è la scomparsa della loro cultura. Nel 1965, oltre ventitremila *Haenyo* si immergevano, mentre oggi si stima che le *Haenyeo* siano tremilacinquecento. La realtà è che oggi non è necessario che le donne si immergano e «coltivino» l'oceano senza ossigeno. Inoltre, l'industria della pesca è ormai altamente industrializzata. Tuttavia, la loro cultura di audacia, coraggio, indipendenza e perseveranza continua a ispirare.

Spettacolo delle sommozzatrici
Indirizzo: 284-12 Ilchul-ro, Seongsan-eup, Seogwipo-si, Jeju-do

Museo *Haenyeo*
Indirizzo: 26, Haenyeobangmulgwan-gil, Gujwa-eup, Jeju-si, Jeju-do
Tel.: +82 64-782-9898
Sito web: www.haenyeo.go.kr

Il pasto della sirena

Una delle mie esperienze culinarie più memorabili è avvenuta sull'isola di Jeju, con Kyung-sook. Grazie alle sue acque cristalline e al terreno ricco di minerali di lava nera, è anche il luogo in cui si trovano i migliori frutti di mare del mondo.

Un giorno, durante la nostra visita, stavamo guidando lungo la costa quando il telefono di Kyung-sook si è messo a squillare. Dato il suo tono serio, ho pensato che ci fosse qualcosa che non andava. All'improvviso ha invertito la marcia con una brusca sterzata.

«Dobbiamo farcela prima che chiuda!».

Non avevo idea di dove stavamo andando, ma dopo qualche chilometro abbiamo svoltato in un vecchio edificio coperto di graffiti e ha fermato la macchina.

«Sbrigati! Chiudono tra pochi minuti. Questo è il miglior pesce dell'isola!».

L'ho seguita mentre si affrettava a entrare nel piccolo ristorante pieno di sedie traballanti, tavoli di linoleum e pareti di gesso. Due donne con fazzoletti stampati in testa erano coperte di sudore e stavano cucinando su una grande stufa in ferro battuto.

Avevamo appena fatto un pranzo davvero abbondante. «Non credo di poter mangiare altro», ho detto, mentre ci sedevamo a un tavolino vicino alla finestra.

«Chiudono tra mezz'ora e dobbiamo partire domani. Abbiamo solo questa possibilità», ha insistito Kyung-sook.

Ben presto hanno messo una pentola calda al centro del nostro tavolo senza nemmeno che ordinassimo. Era l'unico piatto servito nel ristorante: un enorme stufato di frutti di mare in brodo, con granchi, cozze, abaloni, vongole e altro pesce. L'aroma che saliva dalla pentola sapeva letteralmente di mare.

Anche se mi sentivo piena, quando ho assaggiato lo stufato nel mio stomaco si è creato un posticino e ho mangiato con gusto. Lo abbiamo fatto entrambe. Più tardi, la cameriera ha mescolato il brodo avanzato in una ciotola di porridge di abalone – con riso, abalone, ascidie e altri frutti di mare.

Quando ho assaggiato il porridge, ho sentito un liquido dal sapore di alga sciogliersi sulla mia lingua. Si trattava di un'ascidia, un animale marino che, mi è stato detto, ha proprietà anticancro. La consistenza del riso e la morbidezza vellutata delle alghe e del brodo hanno reso quel pasto uno dei migliori che io abbia mai consumato.

Ancora una volta, il pranzo non riguardava solo il cibo. Si trattava dell'isola di Jeju e delle acque incontaminate che ospitano gli animali marini e le alghe che stavo mangiando in quel momento.

Non dimenticherò mai quel porridge di abalone, e dovrò tornare a Jeju per mangiarlo di nuovo.

Lezioni di felicità dalle *Haenyeo* e dall'isola di Jeju

- Le donne *Haenyeo* sono un esempio lampante di *Han*, della grinta necessaria per allenarsi alle immersioni e del lavoro oltre l'età della pensione (secondo i nostri standard!) per mantenere le loro famiglie.
- Le *Haenyeo* sono la prova che il lavoro di squadra è la strada per il successo. Come gruppo praticano il rispetto e la cura reciproci, vivendo il principio del *Jeong*, il filo della comunità che ci lega tutti.
- Dedicate tempo e impegno all'allenamento e alla pratica di qualsiasi cosa facciate, dalla cucina allo yoga, dal tennis all'addestramento del vostro cane. L'allenamento da *Haenyo* è lungo e faticoso, ma ripaga. Siate come le *Haeneyo* in tutti i vostri sforzi. Non arrendetevi mai.
- Pari diritti per le donne, coloro che fanno girare il mondo. Si guadagnano da vivere, le famiglie prosperano e le comunità ne beneficiano.
- Rispettate madre natura. Le *Haenyeo* coesistono con l'oceano e limitano severamente la pesca eccessiva. Rispettate la terra e l'oceano – contribuite a preservare, ripristinare e rinvigorire la terra perché porterà felicità e longevità a tutti noi.
- Viaggiate con un amico. Condividete i vostri sogni e desideri di viaggio, anche dal vostro divano. I sogni e i ricordi condivisi sono più ricchi, pieni e duraturi.

- Considerate l'invecchiamento come una benedizione. Gli anni migliori possono essere davanti a voi. Le *Haenyeo* si immergono ancora a ottant'anni! Imparate ad amare voi stessi mentre invecchiate e rendetevi conto che potete trovare nuove avventure, emozioni, amore e passione man mano che gli anni passano.

Ricetta

PORRIDGE DI FRUTTI DI MARE

Di *Kyung-sook Shin*, autrice di *Prenditi cura di lei*

«Il bomal è un pesce coreano unico che si può pescare solo nelle acque incontaminate dell'isola di Jeju», spiega Kyung-sook. «Ha l'aspetto di una piccola lumaca di mare, vive su minuscole alghe ed è molto nutriente. In particolare, contiene varie proteine e minerali. La ricetta del porridge di bomal è facile da realizzare e il suo sapore è simile a quello della nocciola».

Ingredienti (2-3 porzioni)

2 cucchiai di bomal (potete usarne di meno o di più, a vostro piacimento)
1 tazza di riso messo a bagno in acqua per un'ora
2 cucchiai di cipolla tritata
Olio di sesamo
Sale

Preparazione

1. Separate la carne del bomal dalle interiora.
2. Schiacciate le interiora fino a ridurle in pasta.
3. Aggiungete un po' di olio di sesamo in una padella

riscaldata e soffriggete la pasta di intestino e il riso ammollato, aggiungendo un po' d'acqua.

4. Continuate a soffriggere finché i chicchi di riso non diventano traslucidi e iniziano a profumare di riso al vapore.
5. Quando l'acqua inizia a sobbollire, aggiungete la cipolla e la carne di bomal e continuate a soffriggere. Dovrete diminuire o aumentare il calore e la quantità d'acqua, tenendo sotto controllo la densità del porridge.
6. Quando il riso sembra ben cotto, salatelo.
7. Continuate a soffriggere fino a quando il porridge sarà asciutto. A quel punto, sarà pronto.

10

Shopping zen

쇼핑 참선

SHOPING CHANSON

Shopping zen

쇼핑 참선

shoping chanson

Destinazione: Mercato di Namdaemun, Seoul

남대문 시장, 서울

Shopping consapevole

Io amo lo shopping – ma dopotutto, chi non lo ama?

Ma sono molto soddisfatta di poter affermare che negli anni mi sono trasformata da una *shopaholic* cronica, che spendeva decisamente troppo, a una shopper più ponderata, attenta e prudente – che implica il non indebitarsi.

Ora amo le occasioni, e quando trovo ninnoli o cianfrusaglie nei mercati coreani a dei prezzi davvero bassi, posso impazzare con lo shopping e comprare dozzine di regali senza intaccare il mio conto in banca. Cerco sempre quell'oggetto particolare che mi ricordi la Corea e che posso comprare solo quando sono in viaggio lì, e così mi vizio.

Pratico quello che mi piace chiamare «shopping zen».

Secondo la pratica zen coreana, gli osservanti meditano su un *Koan*, ovvero una domanda o una storia. Un'importante questione che ci si può porre è: «Cos'è questo?», per raggiungere un sé interiore più equilibrato e introspettivo.

Un tempo ero intossicata dallo shopping e compravo vestiti, scarpe, regali e cose di cui non avevo bisogno. Aveva su di me l'effetto di un ricostituente, o di una terapia, invece di un'attività divertente o per acquistare ciò di cui avevo un bisogno pratico. Ora posso guardare qualsiasi cosa e chiedermi: «Cos'è questo?».

Lo shopping oggi per me include attività come osservare le vetrine, provare i vestiti, farmi delle domande e riflettere sul prezzo. Quella semplice camicetta di lino vale davvero 400 dollari? Quel filo può davvero valere 250 dollari a gomitolo? Che cos'è questo paio di scarpe con il tacco da 500 dollari? Sono comode? Le indosserò? Perché le voglio?

Chiamo questa pratica «shopping consapevole», e mi ha salvata dall'indebitamento e dalla disperazione. E nonostante io pratichi lo «shopping consapevole», c'è ancora un posto dove posso indulgere alla follia dell'acquisto, ed è Seoul!

Ho imparato anche a provare *Heung* – la gioia – mentre camminavo nei mercati tradizionali coreani tra chilometri di incredibili tessuti, borse, pantaloni, camicie, oggetti per la casa, gioielli e molto altro. Qui, gli oggetti più preziosi sono quelli più semplici e le occasioni che mi capitano, come per esempio degli anelli da mignolo in tantissimi colori per 2 dollari – ovvero, un regalo per venti amiche a casa. Oppure, un paio di scarpe di cuoio color bronzo verniciato che sembrano proprio quelle di Prada!

Lo shopping in Corea non riguarda la somma di denaro che si spende, ma piuttosto lo stile unico che non si trova da nessun'altra parte. È la moda K-pop che incontra il design e il vintage, indossato alla stessa maniera da giovani e anziani. E soprattutto, è una gigantesca caccia al tesoro.

La grande caccia al tesoro

Mi trovavo a Seoul per la fiera del libro con la mia amica e co-agente italiana, Gabriella. Durante il nostro soggiorno voleva visitare un mercato tradizionale, che a dire il vero mi sembrava noioso. Pensavo che si sarebbe trattato di smielate repliche di oggetti antichi e di merci fuori moda. Ma Gabriella ha detto che dovevamo andare, perché quando si visita un mercato locale si impara molto sulla cultura e sulla gente.

Così, insieme a un altro collega, ci siamo recati al mercato *Dongdaemun*, vicino alla Porta Dongdaemun, una delle otto antiche porte della città, che ora si trova nel centro di Seoul.

Il mercato è circondato da autostrade e per arrivare all'ingresso ho dovuto schivare le infinite macchine, moto e camion che ci sfrecciavano sopra. Composto da ventisei centri commerciali, trentamila negozi specializzati e cinquantamila artigiani, il mercato copre più di dieci isolati, un paradiso dello shopping all'ingrosso e al dettaglio in un unico luogo. Quando siamo entrati nel mercato, i nostri occhi si sono spalancati per lo stupore. Tutto ciò che potevamo fare era scuotere la testa, ridere ed esclamare: «Incredibile!».

Si può acquistare di tutto, ventiquattr'ore su ventiquattro: nastri, tostapane, tessuti, giocattoli, vestiti, elettronica, scarpe, a voi la scelta! La varietà è ancora più di quanto si possa immaginare, per non parlare dei prezzi, che sono così bassi che dovrete comprare una valigia per portare tutto a casa, come ho fatto io. È stato quindi un bene che quando sono andata a cercarne una non ci fosse un solo negozio, ma un intero piano di valigie tra cui scegliere.

Alla ricerca di regali per parenti e amici, abbiamo acquistato ventagli, borsette di seta ricamate e bigiotteria. Io amo lavorare a maglia e sono stata entusiasta di trovare un filato coreano, il *dodam*, realizzato con la tradizionale carta *Hanji* e ideale per creare borse e cappelli.

Abbiamo continuato a muoverci su e giù per i corridoi. All'improvviso, ho visto un cartello in una sartoria che pubblicizzava abiti su misura realizzati in ventiquattr'ore. Dopo essere entrata, ho conosciuto un adorabile sarto che mi ha spiegato che se avessi comprato del tessuto, avrebbe potuto realizzare un abito in un giorno. Avevo una vera missione! Avevo scritto un romanzo, *The J.M. Barrie Ladies Swimming Society*, che era stato tradotto in coreano e che sarebbe stato pubblicato a Seoul quella settimana. Avevo bisogno di un vestito per la conferenza stampa e per la festa per la pubblicazione. Era tutto estremamente entusiasmante!

Così ci siamo tuffati nel mercato dei tessuti, dove mi sono trovata a scavare tra quelle che mi sembravano migliaia di pezze di tessuto, con gli occhi che passavano dai colori alle righe, dai fiori ai pois finché non ho trovato una bellissima seta blu con piccole barche a vela che sembrava molto francese. Ho comprato il tessuto per meno di trenta dollari e sono tornata in fretta dal sarto. Ci siamo rintanati nel suo minuscolo negozio, dove ha preso le mie misure mentre mi drappeggiavo con la stoffa e i miei amici mi suggerivano idee. Ho ordinato un abito a camicia e uno a trapezio.

Ci credereste se vi dicessi che alle nove del giorno successivo gli abiti erano pronti, ognuno dei quali calzava a pennello? Il costo del disegno e della cucitura da un giorno all'altro è stato di circa cento dollari. Ora, ogni volta che mi trovo a Seoul, torno dal gentilissimo sarto e mi faccio fare un vestito o una camicia. Ho comprato vestiti bellissimi e mi sono fatta un amico.

Il mercato di Dongdaemun è anche un paradiso per gli amanti dello street food e, per festeggiare i nostri acquisti, abbiamo mangiato *japchae* (noodles) e frittelle di verdure in un minuscolo food bar, stretti come sardine.

Un altro mercato che vale la pena visitare a Seoul è il mercato di *Gwangjang* – anche questo famoso per lo street food – dove si possono trovare bellissimi tessuti e stoffe, insieme a oggetti e abiti tradizionali per i rituali coreani. Vi raccomando di andarci a stomaco vuoto per provare il famoso *nokdu-jeon* (frittella di fagioli mung) e il *mayak gimbap* (involtino di riso alle alghe). Sappiate che *mayak* vuole letteralmente dire «droga», perché questi involtini di riso sono così buoni che non potrete impedirvi di tornare a prenderne altri!

Mercato di Dongdaemun
Indirizzo: 18-221 Euljiro 6(yuk)-ga, Jung-gu, Seoul, Corea del Sud
Tel.: +82 10-9671-4249
Sito web: www.ddm-mall.co.kr

Mercato di Gwangjang
Indirizzo: 88 Changgyeonggung-ro, Jongno-gu, Seoul
Tel.: +82 2-2267-0291
Sito web: www.kwangjangmarket.co.kr/en

Elder Cool

Vestirsi alla moda e in maniera creativa è per tutti, indipendentemente dall'età. A Seoul capita spesso di vedere anche persone anziane indossare gli outfit più hippie e più originali che hanno creato loro stessi. Le regole che a Londra o a New York stabiliscono quello che si dovrebbe indossare a settant'anni, qua non valgono. Esattamente come le *Haenyeo* che si immergono ancora a ottant'anni, i coreani accolgono con gioia ogni anno della loro vita.

Kim Don-hyun è un fotografo di moda emergente che immortala la *street fashion* di Seoul. La sua specialità è di catturare lo stile dei *fashionistas* senior coreani, che tendono a fare shopping tutti insieme al mercato delle pulci *Dongmyo*, accanto alla stazione ferroviaria omonima. Ha reso immortale il loro stile unico in un libro intitolato *Mut – Street fashion of Seoul.* «Mut» si riferisce alla parola coreana *meot*, che significa «cool» o «favoloso».

«Nella moda degli anziani c'è tutta la libertà delle persone che conoscono il proprio "mut" molto bene», scrive Kim Don-hyun nel suo libro. «Sai che gli anziani si vestono diversamente a seconda del luogo in cui si trovano? Al parco Tapgol, detto il tempio per gli anziani, si vestono seguendo uno stile di moda molto più semplice e comodo, semi-casual.

«Invece a Namdaemun e a Myeong-dong, dove si trovano il centro commerciale Shinsegae e il mercato Namdaemun, e anche a Insadong, una strada piena di gallerie d'arte, gli anziani si vestono in mondo molto più "mut", e soprattutto le donne curano molto lo stile».

Mi piace che Kim voglia che persone di tutte le età celebrino il loro stile, che sia vintage, moderno o un mix dei due. Come dice lui, «i vestiti sono un piacere per tutti».

Il tradizionale *Hanbok*

Il bellissimo *Hanbok* è stato l'abito standard dei coreani per migliaia di anni, prima che il Paese si aprisse al mondo. È composto da *jeogori*, ovvero una giacca; e o da *chima*, una gonna vaporosa, oppure da *baji*, dei pantaloni; il tutto fatto di seta, ramiè oppure cotone dai colori molto vividi.

Anche se oggi i coreani vestono all'occidentale, indossano ancora l'*Hanbok* in occasioni speciali come feste, matrimoni e funerali. Questo rispetto e legame con il passato attraverso l'abbigliamento è un altro esempio di *Han*, *Heung* e *Jeong*. Difatti, la *Korean Cultural Heritage Administration* ha dichiarato che indossare l'*Hanbok* è «parte dell'eredità immateriale nazionale».

Recentemente, Jane Seymour, star del cinema e della tv internazionale, ha indossato un *Hanbok* meraviglioso al matrimonio di suo figlio in onore della sua nuora coreana. Apprezzo molto anche il fatto che oggi indossare l'*Hanbok* stia emergendo come abitudine al di là dei suoi usi rituali. È stata la stessa industria coreana della moda a riscoprire l'*Hanbok* come fonte di ispirazione; in particolare, lo stilista Lee Young-hee, che negli anni Novanta ha esibito degli *Hanbok* ridisegnati sulle passerelle parigine.

Oggi stilisti come Kim Young-jin e Leesle Hwang creano versioni contemporanee dell'*Hanbok* – eleganti per la sera, oppure con giacche e gonne accorciate per il giorno – usando tessuti non tradizionali e fornendo alle nuove generazioni un moderno punto di riferimento alla loro storia.

Potete comprare degli *Hanbok* tradizionali al mercato di Gwangjang, ma potete anche indossare degli outfit che hanno appena sfilato in passerella – gli stilisti coreani presentano due volte all'anno alla Fashion Week di Seoul. E come tutto ciò che fa parte dell'*Hallyu*, i designer coreani stanno prendendo piede anche fuori dalla Corea.

La marca di *streetwear* coreano Juun.J sfila sempre alla Fashion Week di Parigi; la marca unisex Heich Es Heich è molto popolare tra le star del K-pop. La stilista Minju Kim ha avuto molto successo a livello internazionale vincendo il contest Next in Fashion di Netflix, con le sue silhouette oversize e i suoi pattern aggressivi.

È decisamente il momento di aggiungere un po' di stile coreano al vostro armadio.

Leesle Hwang
Sito web: https://leesle.kr

Kim Young-jin
Sito web: http://tchaikim.co.kr

Juun.J
Sito web: www.juunj.com

Heich Es Heich
Sito web: www.heich.kr

Minjukim
Sito web: www.minjukim.co

Newtro: il vintage coreano

Una delle mode più interessanti in Corea è il «Newtro», il *nuovo retrò*. Alcuni l'hanno descritto come la versione coreana della cultura hipster, ma io penso che il movimento abbia radici più profonde e segua l'usanza coreana di incorporare la storia, la politica e i problemi sociali nelle pratiche culturali, anche quando si tratta di vestiti.

Con il Newtro, i coreani nati negli anni Ottanta e Novanta scelgono i loro look spaziando dal XIX secolo alla decade in cui sono nati. Una parte del movimento è guidata dalla nostalgia per la moda passata e lo si nota sui social media ma anche in televisione – per esempio nel caso di drammi storici come *Mr Sunshine*, ambientato appunto nel XIX secolo, *Pachinko* e altri.

Ma il Newtro si basa anche su un'iniziativa generazionale per affrontare il cambiamento climatico e le difficoltà economiche, vivendo e vestendosi in maniera più sostenibile.

I negozi vintage e i mercatini dell'usato a Seoul sono presi d'assalto da giovani e anziani che prendono una posizione sociale e politica attraverso una moda più economicamente accessibile, bella e di seconda mano. C'è un modo migliore per aiutare sia l'ambiente che il portafoglio? Non riesco a pensare a nessun'altra moda più stimolante di questa!

Il look di coppia

C'è un'altra moda curiosa in Corea quando si tratta di shopping, ovvero il «look di coppia». Giovani coppie fanno shopping e comprano degli outfit coordinati – in tutto, dalle scarpe ai vestiti e ai gioielli – e li indossano per celebrare e comunicare la loro relazione.

Sebbene adesso questa moda sia ovunque, per strada e sui social media, in realtà è nata nel dopoguerra, quando le coppie coreane si vestivano in modo simile durante la loro luna di miele proprio per comunicare di essere in viaggio di nozze.

A Seoul ho visto molte coppie che indossavano outfit coordinati e anche se a una prima occhiata può sembrare solo un altro capriccio della moda, in Corea ha una vera risonanza. Per una cultura che è focalizzata sul matrimonio e sulla famiglia, questa pratica di comunicare di aver raggiunto un momento importante nella propria relazione è fondamentale.

Questo trend, estremamente popolare su Instagram (cercate #couplelook), non riguarda solo l'amore per i vestiti, ma l'amore *e* i vestiti.

Pronti, partenza, via!

Per vedere in azione gli amanti dello shopping da medaglia olimpica, recatevi nel quartiere di Myeongdong. Tra le mete più conosciute per lo shopping a Seoul, è probabilmente il quartiere più popolare in Corea sia tra i locali che tra i turisti, con una stima di un milione di visitatori ogni giorno. Qui si trovano centinaia di negozi, ristoranti e designer, dai fast fashion H&M e Zara ai grandi magazzini di lusso Shinsegae. L'energia che si respira per le strade è elettricità pura, e in realtà anche sotto le strade. Il Myeongdong Underground Shopping Center è una serie di vicoli sotterranei pieni di negozi, collegati ai grandi magazzini.

Qui ho trovato camicie e abiti in lino finissimo proveniente dal Vietnam, perfetti per i caldi mesi estivi, in colori e tessuti che non avevo visto da nessun'altra parte. I prezzi erano un decimo di quelli che avrei pagato a New York.

E se non volete smettere di fare shopping per sedervi a mangiare, a Myeongdong ci sono carretti di cibo di strada ovunque. Provate la «patata tornado» o il pollo fritto coreano.

L'incarnato perfetto

Se la cura della pelle è la vostra passione, sapete già che i prodotti K-beauty (vedi capitolo 8) hanno conquistato il mondo. Il punto di partenza per le offerte di K-beauty è Myeongdong, dove si trova il maggior numero di negozi di prodotti per la cura della pelle e di cosmetici della Corea.

Lungo la via principale i negozi si susseguono ininterrottamente: spesso sono anche venti in un solo isolato! Tutti i grandi marchi coreani, da Innisfree a Sulwhasoo e Laneige, offrono creme per il viso, sieri, maschere e «pelli» per il viso (maschere di carta imbevute di lozioni). Ci sono anche alcuni prodotti unici in offerta che dovete assolutamente provare. Non siate timidi!

Ho scoperto lì la crema di lumache (ricavata da quelle nere), che è un'ottima crema idratante. Dopo aver acquistato qualcosa, vi verranno dati dei campioni gratuiti, un ottimo modo per provare nuovi prodotti e anche per pianificare il vostro prossimo viaggio.

Trovo affascinanti anche alcuni negozi che vendono solo prodotti fatti di carbone: tè, maschere e creme per il viso. Non avrei mai immaginato di spalmarmi del carbone sul viso, ma dopotutto ero in Corea, la terra dell'eterna bellezza, così ho chiesto alla commessa se ci fosse un segreto sul carbone.

Ho così scoperto che il carbone attivo è una fine polvere nera che si produce esponendo il carbone ad altissime temperature. Questo lo fa diventare molto assorbente e gli dona la capacità di trattenere tossine e sostanze chimiche, il che lo rende un ottimo prodotto per la cura della pelle. Si dice anche che abbia proprietà rassodanti – quindi nessun botox per me, ma crema al carbone! Perché no? Aumenta anche la brillantezza dei denti, ed ecco perché ho comprato almeno venti tubetti di dentifricio al carbone.

Un mondo a sé stante

Cercate il grande magazzino per eccellenza in Corea? Il mio consiglio è di andare direttamente da Lotte. La sede principale si trova a Myeongdong e ospita marchi di lusso locali coreani e globali (Hermès, Chanel, Prada) e un duty free. Lotte è un po' come Disneyland per gli acquirenti che hanno soldi da buttare. È il luogo dove annegare nel lusso – il Bergdorf Goodman e l'Harrods della Corea, solo più chic! Quindi, concedetevi il lusso e godetevelo, ma non dimenticate il passaporto. Lotte, insieme ad altri grandi magazzini, offre acquisti esenti da tasse agli stranieri per qualsiasi spesa tra i trentamila e i cinquecentomila won coreani.

Grandi magazzini Lotte
Indirizzo: 81, Namdaemun-ro, Jung-gu, Seoul
Tel.: +82 2-772-3007
Sito web: www.lotte.co.kr

Insa-dong buzz

Insa-dong è uno dei miei luoghi preferiti di Seoul, pieno di piccoli negozi di abbigliamento antico e vintage, case da tè in legno e librerie lungo i suoi stretti vicoli. Le gallerie d'arte qui sono specializzate in arte tradizionale coreana e ceramica. Adoro le piccole boutique gestite da giovani stilisti in erba, alcuni dei quali cuciono i propri abiti direttamente nel negozio. È come il Greenwich Village di Seoul.

Shopping a Insadong
Indirizzo: 62, Insadong-gil, Jongno-gu, Seoul
Tel.: +82 2-734-0222
Sito web: www.insainfo.or.kr

Acquisti Gangnam Style

Visto che conoscete la canzone, è il momento di andare a fare spese nel quartiere.

Gangnam è la zona più esclusiva di Seoul per lo shopping. Pensate alla Fifth Avenue di New York, a Rodeo Drive di Beverly Hills, a Bond Street di Londra o a rue du Fabourg Saint-Honoré di Parigi.

Il marchio coreano di lusso più in voga, MCM, ha il suo *flagship store* a Gangnam e vale assolutamente la pena visitarlo per comprare i loro famosi prodotti in cuoio e i vestiti amati dalle star del K-pop e dalle celebrità.

Tuttavia, c'è molto di più di un business di successo dietro a MCM: è anche un potente simbolo dei tratti coreani della perseveranza e della determinazione che compongono l'*Han.* MCM ha messo il lusso coreano sotto i riflettori ed è stato grazie a una donna: l'imprenditrice Sung-Joo Kim.

La proprietaria e l'amministratrice delegata di questo impero globale della moda era la più giovane di sette fratelli, nata in una delle famiglie più ricche della Corea. Suo padre, severo confuciano, ha lasciato tutta l'eredità agli uomini della famiglia e lei, dopo aver rifiutato un matrimonio combinato, è stata diseredata. Si è trasferita quindi a New York per lavorare da Bloomingdales e imparare tutto ciò che poteva sul mondo della moda. È ritornata in Corea nel 1990 per andare dove ben poche donne sono arrivate prima di lei: nel business che si occupava della distribuzione dei brand di lusso europei. Con un piccolo prestito, ha utilizzato la sua intelligenza, creatività e perseveranza per comprare MCM nel 2005 e trasformarlo in un successo incredibile.

Entrando nel *flagship store* si può pensare di essere in un museo, con i suoi interni ispirati allo stile Bauhaus che includono pavimenti e muri di cemento grezzo. In effetti il negozio include una galleria d'arte – la Konig Galerie – al quinto piano. Un consiglio: non arrivate al negozio con un caffè in mano, vi fermeranno all'entrata!

Un altro buon posto per gli amanti della moda alla ricerca di scarpe e vestiti di marche di lusso è il grande magazzino Galleria, seguito da Garosu-gil, la famosa strada alberata che ospita marchi coreani, gallerie e boutique alla moda.

Ma per me la vera star di Gangnam è lo Starfield COEX Mall, il più grande centro commerciale sotterraneo dell'Asia. Se i cinema, lo shopping, il cibo, l'acquario e il casinò non sono abbastanza, il centro commerciale ospita la Starfield Library, un'incredibile biblioteca pubblica, con oltre cinquantamila libri e riviste. Gli amanti dei libri di tutto il mondo si recano in pellegrinaggio qui per immergersi nell'atmosfera, partecipare a eventi culturali e, ovviamente, scattare foto per i loro social media.

Il centro commerciale si trova sotto il complesso fieristico COEX e, ogni volta che vado alla Fiera del Libro di Seoul, scendo al piano inferiore durante le pause per fare acquisti! Il centro è un labirinto e mi sono persa più di una volta o due, quindi controllate la mappa.

Infine, vale la pena di fare una pausa dallo shopping per ammirare l'artigianalità e la storia delle borse al Museo della Borsa Simone, un intero museo dedicato alle borse dal 1550 a oggi. Le trecento borse esposte invitano a guardare come le borse parlino dell'identità delle donne. Si trova all'interno di un edificio che sembra una borsa, quindi non potete perdervelo!

MCM

Indirizzo: 412 Apgujeong-ro Cheongdam-dong, Gangnam-gu, Seoul

Tel.: +82 2-540-1404
Sito web: www.mcmworldwide.com

Grandi magazzini Galleria
Indirizzo: 343 Apgujeong-ro, Gangnam-gu, Seoul
Tel.: +82 2-344-94114
Sito web: https://dept.galleria.co.kr/en

Centro commerciale Starfield COEX
Indirizzo: 513, Yeongdong-daero, Gangnam-gu, Seoul
Tel.: +82 2-6002-5300
Sito web: www.starfield.co.kr

Museo della borsa Simone
Indirizzo: 17 Dosan-Daero 13 Gil (Sinsa-Dong), Gangnam-gu, Seoul
Tel.: +82 2-3444-0912
Sito web: www.simonehandbagmuseum.co.kr

Da sapere

Un consiglio importante sullo shopping. Ho notato che le donne coreane indossano solo scarpe basse: non le ho mai viste con i tacchi alti. In Corea, sono lo stile scelto più spesso e, dopo aver comprato un paio di scarpe basse, i miei piedi mi hanno intimato di non indossare mai più i tacchi. Lo shopping a Seoul mi ha insegnato a scegliere ciò mi fa stare bene anche internamente oltre a ciò che mi sta bene addosso. Ho scoperto che ciò che la maggior parte delle persone indossa e compra a Seoul è pratico, elegante, semplice e casual chic.

La Zona demilitarizzata

Quando mi sono recata alla Zdm (vedi capitolo 4), ovviamente, essendo un'area sensibile controllata dal governo, non mi aspettavo di trovare un negozio di souvenir.

Invece sì, ce n'è uno! Con mio grande stupore era pieno di magliette, cappelli, portachiavi, miele nord-coreano e altri regali in vendita. Ho preso diverse bottiglie di miele nord-coreano, perché onestamente non riuscivo pensare a un regalo più esotico.

Poi, all'improvviso, ho visto un manichino che indossava una giacca dell'esercito sud-coreano e ho capito che sarebbe stato un dono perfetto per mio marito. Costava qualche centinaio di dollari, ma che regalo! Lui è un veterano e, pur avendo giacche dell'esercito, non ha mai indossato un'autentica giacca sud-coreana.

Era pesante con piumino, perfetta per i gelidi inverni newyorkesi. L'ho comprata e non vedevo l'ora di vedere la sua espressione quando gliel'avrei data. Quando finalmente sono tornata a casa, la prima cosa che ho fatto è stata dire a mio marito di chiudere gli occhi. Ho tirato fuori la giacca dalla valigia e l'ho sollevata come se fosse un premio Oscar.

«Guarda, Gil! Guarda cosa ho preso per te! Dalla Zdm in Corea! Ho dovuto comprare una valigia in più per averla. Ti piace?».

Mio marito ha aperto gli occhi e si è messo a ridere: non era la reazione che mi aspettavo. Dal suo armadio ha tirato fuori la stessa identica giacca, con l'identica stampa kaki, un regalo di suo cugino. Santo cielo!

Non sapevo che le forze speciali dell'esercito sud-coreano indossano le stesse uniformi dell'esercito americano. Ho speso una fortuna per portare la giacca in giro per il mondo e lui l'aveva nel suo armadio. Non riusciva a smettere di ridere, ma ha apprezzato lo sforzo. La giacca è calda e utile e mi ricorda la giornata che ho passato alla Zdm. Tuttavia, d'ora in poi mi limiterò al miele.

Lezioni di shopping in Corea

- Lo shopping è un ottimo modo per esplorare. Visitate diverse zone di una città o di un villaggio per scoprire i segreti locali meglio custoditi.
- Che si tratti di mercati o di lusso, è vero quello che si dice: lo shopping è una caccia al tesoro.
- Acquistate sempre nei mercati tradizionali: vedrete la vera Corea e farete affari da non credere.

- Siate avventurosi con i prodotti per la cura della pelle. Provate la crema di cavalluccio marino e i trattamenti viso alla lumaca nera.
- Acquistate design e stili locali perché non li troverete da nessun'altra parte.
- Non abbiate paura di indossare qualcosa di diverso e di nuovo.
- Comprate scarpe basse!
- Mescolate e abbinate stili diversi per trovare il vostro *mut*.
- Indossate capi vintage Newtro: in ogni città del modo potete trovare negozi vintage.

Ricetta

HAMBURGER DI RISO

Di *Sue Park*

La mia socia Sue Park adorava gli hamburger di riso quando viveva in Corea, ma dopo essersi trasferita negli Stati Uniti non li trovata così facilmente e ha dovuto improvvisare.

«In Corea, i miei amici e io abbiamo sempre mangiato gli hamburger di riso come merenda quando andavamo a scuola. I coreani hanno questa nozione, *babshim* (밥심), che letteralmente significa "il potere del riso al vapore"», spiega.

«Crediamo davvero di poter procedere serenamente con la nostra vita di tutti i giorni, professionale e sociale, solo se la nostra pancia è piena di riso al vapore. Non è sorprendente quindi che il riso sia sempre incorporato ai nostri piatti – o almeno, qualcosa fatto con il riso. L'hamburger non fa eccezione. Il burger di riso può essere in un certo senso la versione occidentale del *kimbap* coreano (involtini di riso) e del *jumeokbap* (che si traduce letteralmente con "il pugno di riso al vapore", ovvero polpette di riso). È diventato subito famoso nel Paese come piatto simile a questi popolari snack di riso e anche come alternativa salutare e senza glutine al classico burger occidentale.

«Quando però mi sono trasferita negli Stati Uniti, non potevo più andare in una qualsiasi caffetteria o ristorante e ordinare un hamburger di riso, e comunque mai per meno di tre dollari. Inoltre, studiando lontano da casa e provando io stessa diverse ricette, mi sono resa conto che i chicchi di riso americani sono totalmente diversi da quelli coreani e, a causa di questa diversa consistenza, non permettono di cucinare quelle "pagnotte" di riso che vorrei per il mio burger.

«I chicchi di riso che riuscivo a procurarmi non si incollavano insieme, e ogni volta che cercavo di sollevare le pagnottine di riso o risultavano troppo appiccicose o si sfaldavano subito. Così, ho iniziato a cucinare il *bapjeon* (pancake di riso), che unisce il riso al vapore alla classica omelette, e lo mangiavo con i contorni che normalmente avrei messo nel panino di riso. Poi, ho realizzato: avrei potuto usare i pancakes come pagnottine di riso per il burger! Quindi, invece di mettere le uova nel panino, ho iniziato a metterle nell'impasto per fare le pagnotte di riso. Un'idea davvero semplice che però si è rivelata essere il modo più veloce e più facile per cucinare vaporosi e deliziosi panetti di riso colorati e proteici».

Ingredienti (1 porzione)

2 uova
Curry in polvere
Sale
Olio da cucina

Sciroppo d'acero
Erbe secche
1 ciotola di riso al vapore
Manzo macinato
Cipolla
Sottaceti
Condimenti a scelta
Verdure fresche a scelta

Preparazione

Esistono diversi modi per preparare i panini di riso: si può usare il riso per sushi o delle palline di riso leggermente condito e cotto al vapore, senza l'aggiunta di uova. Per questa ricetta, invece, i panini di riso saranno preparati con riso al vapore, spezie e uova.

1. Preparate una ciotola di riso al vapore sufficiente per due panini per hamburger. È meglio usare riso al vapore vecchio di un giorno piuttosto che quello appena cotto. Quando cucinate il riso, usate piuttosto il riso per il sushi invece che il riso California, il riso glutinoso o il riso integrale.
2. Sbattete con cura le uova e aggiungete un pizzico di curry in polvere, un cucchiaino di sciroppo d'acero e alcune erbe secche a scelta. Questa sarà la frittata che terrà insieme i chicchi di riso.
3. Mettete il riso al vapore nella ciotola con le uova

condite e mescolate; il rapporto ideale tra uova e riso dovrebbe essere di circa 40:60. Se si utilizza riso appena cotto, è necessario che il riso si raffreddi prima di metterlo nella ciotola. Se il composto sembra troppo liquido, aggiungere altro riso. In questa fase si può aggiungere un po' di burro, se preferite i panini burrosi. In alternativa, potete unire l'olio d'oliva, che conferisce un sapore simile a quello del burro ma senza appesantire troppo il piatto.

4. Scaldate una padella, aggiungete un po' di olio per cottura a vostra scelta e cuocete i panini di riso come fareste con delle frittelle. Assicuratevi di farli più piccoli della dimensione del panino che desiderate, poiché con la cottura si allargheranno. Se preferite i bordi croccanti, lasciateli cuocere più a lungo e fate una pressione uniforme sui panini con una spatola.
5. Mentre i panini di riso si raffreddano, preparate una polpetta di manzo con la carne macinata, le cipolle tritate e le erbe secche di vostra scelta. Condite poco la polpetta, dato che i panini sono già stati conditi. Si possono anche fare diversi tipi di hamburger – di gamberetti, di maiale, di pollo ecc.
6. Mettete tutti gli ingredienti insieme all'interno dei panini di riso – l'hamburger, i sottaceti e le verdure fresche nell'ordine che preferite – come fareste con un normale hamburger. Se volete, aggiungete

i condimenti che desiderate. Se non amate le verdure potete non metterle. Allo stesso modo, potete aggiungere o eliminare tutto ciò che desiderate e personalizzare il contenuto del vostro hamburger.

7. Ora impiattate e mangiate con forchetta e coltello – gli hamburger di riso con i panini all'uovo non sono facili da afferrare e mangiare come un normale hamburger. È una buona idea anche tagliarlo a metà, in modo da renderlo più maneggevole.

11

Un amore di cucciolo

애견

Aegyeon

Un amore di cucciolo

애견

aegyeon

Destinazione: Isola di Jindo 진도

Tesoro nazionale

Jindo è un'isola vulcanica subtropicale ricca di splendidi giardini, foreste, cascate, grotte e altre meraviglie naturali. Terza isola per grandezza in Corea, potete arrivarvi in pullman da Seoul oppure in treno, in circa cinque ore. Oltre alla sua bellezza impressionate, si dice che anche il cibo locale sia delizioso, e non vedo l'ora di provarlo.

Ma per me Jindo è speciale anche per un altro motivo: i suoi cani autoctoni, i *jindo.*

Il jindo è un cane di taglia media con le caratteristiche orecchie a sventola e la coda arricciata. Sono apprezzati per la loro estrema lealtà e intelligenza e sono ottimi cani da caccia e da guardia. Un amico mi ha detto che i jindo sono così intelligenti da essere più svegli delle persone!

Oggi sono considerati uno dei tesori nazionali della Corea e, per dimostrare al mondo quanto siano amati, la Corea ha fatto marciare i jindo durante la cerimonia di apertura dei Giochi olimpici estivi del 1988 a Seoul.

Nel 2018, il dittatore nord-coreano Kim Jong-un ha regalato all'ex presidente Moon Jae-in una coppia di cani pungsan bianchi (il jindo nord-coreano) in segno di cooperazione e pace tra le due nazioni. I cani avevano un anno e sono stati trasferiti tramite la Zdm e hanno poi vissuto nella residenza del presidente Moon per la durata della sua presidenza. Qualche decina di anni prima, suo padre aveva donato due di questi cani al precedente presidente sud-coreano.

I jindo non sono solo un'ossessione. Sono una fonte di sostentamento per molte famiglie locali che li allevano: ogni anno nascono dai trentamila ai cinquantamila cuccioli. E nessun jindo può lasciare l'isola senza un permesso governativo.

Sull'isola sentirete anche la famosa storia di Baekgu, una femmina di jindo che fu venduta dal suo proprietario, per poi ricomparire sette mesi più tardi, stanca e trasandata, dopo aver fatto un viaggio di trecento chilometri verso casa. Baekgu è diventata una star, comparendo in libri per bambini, cartoni animati e ottenendo persino una statua costruita in suo onore.

Non esiste una spiegazione univoca su come il cane sia arrivato in Corea. Alcuni sostengono che siano stati abbandonati in seguito all'invasione mongola nel XIII secolo, altri suggeriscono che siano stati allevati dalla famiglia reale durante la dinastia Joseon per la guardia e la pastorizia.

Oggi l'Isola di Jindo è diventata la casa spirituale e letterale dei jindo. È la sede del *Jindo Dog Project Office*, dove, oltre a un centro di ricerca e di allevamento, è possibile visitare un parco tematico e un museo dedicato ai jindo. Qui è possibile trascorrere la giornata con i cani, osservarli mentre fanno agility con i loro allevatori e conoscere la loro storia.

I cani sono oggi l'animale domestico più popolare in Corea, con circa sei milioni di esemplari che vivono al meglio con le loro famiglie umane. Le celebrità e le star del K-pop dichiarano su Instagram e in tv il loro amore per i cani: dalla star dei BTS, V, con il suo volpino di pomerania Yeontan, a Jennie delle Blackpink con il suo cocker spaniel Kai.

Sembra che non ci siano limiti a come i proprietari di cani coreani viziano i loro «bambini», dai vestiti firmati al confezionare *Hanbok* tradizionali a misura di cane per il Capodanno lunare, *Seollal.*

Che si tratti di un cane, di un gatto o di un pesce rosso, credo che gli animali domestici siano davvero importanti per la nostra felicità perché ci mettono in contatto intimo con un altro essere vivente. Possedere un cane ci offre amore incondizionato e compagnia, riduce l'ansia, ci dà un motivo per fare esercizio quotidiano e la possibilità di fare nuove amicizie; forse anche di incontrare un partner.

Parco tematico di Jindo
Indirizzo: 57 Dongoe-ri, Jindo-eup, Jindo, Jeollanam-do
Tel.: +82 61-540-6308
Sito web: www.jindo.go.kr

Il mio migliore amico

Sono nata come amante dei cani, ne ho sempre avuto nella mia vita fin da quand'ero bambina. I miei cani sono stati i miei migliori amici, portandomi gioia e amore senza fine, comprensione, comfort, fornendomi uno scopo e dandomi la sensazione di un legame forse più profondo di quello che avrei potuto avere con qualsiasi essere umano. Perfino mio marito sa che il nostro cane, Lexi, viene prima di tutto, e lo accetta!

Penso che ogni cane abbia un'anima coreana: sono piedi di esuberanza e gioia – *Heung*; legano con noi come nessun altro animale – *Jeong*; e hanno l'abilità di affrontare qualsiasi avversità – *Han*. I cani sono il mio promemoria costante di un esempio di come vivere.

Avere un compagno a quattro zampe tuttavia va oltre la gioia che vi può portare. I cani mi sono sempre stati di profondo conforto durante i periodi della mia vita più difficili a livello emotivo. Mio marito ha avuto bisogno di un trapianto di fegato dodici anni fa e, senza andare troppo nei dettagli, mentre organizzavo un volo di emergenza per lui all'una di notte, i miei due labrador bianchi, Futuro e Gala, sono rimasti accanto alla mia scrivania per tutto il tempo. Non hanno lasciato il mio fianco fino a che tutto non è stato pronto. Capivano. Il loro amore mi ha fornito una forza sovrumana per portare a termine quella difficile operazione.

I cani vengono prima di tutto

È stato durante il mio lavoro in Corea che ho imparato una delle lezioni più preziose sui cani e su me stessa. Alcuni anni prima era morto uno dei miei amati cani e stavo cercando in svariati modi di riempire il vuoto nel mio cuore. Avevo visto delle foto di cuccioli di jindo e avevo deciso che ne avrei preso uno. Ritenevo che il jindo assomigliasse al mio vecchio cane e che così avrei potuto sostituirlo. In più, sentivo che non solo avrei avuto un altro cane con me, ma anche un pezzo di Corea.

Mentre mi trovato lì, ho incontrato il Ministro della Cultura coreano, che mi ha chiesto come avrei voluto che il governo mi aiutasse in relazione alla mia attività editoriale.

«Vorrei un cucciolo di jindo!», ho risposto.

Lui è rimasto sbalordito e poi si è messo a ridere. Però mi ha promesso che mi avrebbe procurato un jindo da portare a New York. Incredibilmente, lo ha fatto. Il problema era che sarei partita da lì a poco e non c'era tempo per volare all'Isola di Jindo per prenderlo. Inoltre, un buon amico di Seoul mi aveva messo in guardia dal portare i cani jindo fuori dal loro habitat naturale.

Ho anche approfittato dell'incontro per sollevare un argomento scomodo: la questione dei coreani che mangiano carne di cane. Avevo appena venduto il bellissimo libro di Hwang Sun-mi, *Il cane che osava sognare*, e ho insistito sul fatto che il governo dovrebbe punire chiunque lo faccia. Mi ha assicurato che, sebbene esistano mercati criminali di carne di cane, sono illegali e che i coreani amano i loro animali domestici.

È incoraggiante vedere come la tendenza si stia ribaltando a favore dei diritti degli animali in Corea. Nel 2017 mi sono entusiasmata quando il presidente Moon Jae-in ha adottato Tori, un cane arrivato in un rifugio per animali dopo essere stato salvato da un allevamento di cani da carne. Ha anche proposto di vietare il consumo di carne di cane, un'idea molto apprezzata dalle giovani generazioni. Kim Keon-hee, l'attuale first lady della Corea, è una grande amante dei cani e anche lei ha lanciato un appello per il divieto del consumo di carne di cane. Questa è stata considerata come una mossa controversa da parte sua, ma io la sostengo e spero che la legge venga presto approvata.

(Cosa potete fare? Potete scrivere alla *Humane Society International/Korea* e anche al governo coreano per fare pressione per l'approvazione del divieto. Aderite al movimento, contattate www.hsi.org).

Nell'ambito delle loro recenti campagne elettorali, anche alcuni candidati alla presidenza hanno chiesto un divieto, insieme a nuove misure per proteggere il benessere degli animali e incoraggiare l'adozione. Il mio più vivo desiderio è che il commercio di carne di cane in Corea finisca il prima possibile, anche oggi!

Nonostante il fallimento del primo tentativo, la mia ricerca di un cucciolo di jindo non si è fermata. Ben presto la sorella di un'amica che lavorava per un centro di soccorso per cani a Seoul mi ha detto che poteva trovarmi un cucciolo jindo. Con un viaggio imminente in programma, avevo il tempo di organizzarmi per portare il cane a New York. Nel giro di pochi giorni mi hanno trovato un bellissimo cucciolo, che chiamai Lucky. Non ho detto nulla a mio marito finché non ci siamo trovati in aeroporto. Poi l'ho sorpreso con la notizia.

Non è stata una buona idea.

Non era pronto per un altro cane. Ho immediatamente cercato di limitare i danni e, dopo essermi scusata con tutti i membri del centro di soccorso, mi sono messa a cercare una casa per Lucky.

Durante una cena con lo stimato scrittore J.M. Lee non ho potuto fare altro che piangere per Lucky. Essendo un uomo molto gentile e generoso, mi ha detto che si sarebbe preso cura del cucciolo nel suo meleto. Poi anche Kyung-sook Shin mi ha detto che aveva trovato una casa per Lucky con suo fratello, in campagna. Mi ha rimproverato, e io mi sono sentita una persona terribile e molto egoista. Aveva ragione – la mia idea di portare un cane jindo a vivere in un appartamento di New York a migliaia di chilometri di distanza mi si era ritorta contro.

Lucky apparteneva alla Corea. La personalità del jindo è così forte che un viaggio simile avrebbe rovinato la vita del cane. In effetti, è illegale portare fuori dalla Corea un jindo di razza pura.

Oggi Lucky è un cane molto felice che vive in campagna, mentre io ho tratto le più preziose lezioni dal mio errore. Tentare di controllare il mondo naturale, animale o vegetale, dimostra mancanza di saggezza e di gentilezza. Il principio coreano del cercare armonia in tutte le cose avrebbe dovuto insegnarmi che Lucky non poteva diventare un cane di New York. E questa era la cosa giusta.

Il potere delle fiabe

Come ho già spiegato, qualche anno fa avrei dovuto visitare l'Isola di Jindo ma purtroppo non avevo più tempo per stare in Corea. Sogno ancora di visitarla, cosa che farò non appena tornerò. Nel frattempo, mi immagino come sarà la visita, e penso che andrà più o meno così.

Prima di tutto visiterò un allevatore di jindo, e poi un altro, e un altro ancora, dove il mio piano è di essere ricoperta dai baci di così tanti cuccioli di jindo da non riuscire a contarli. Scatterò centinaia di fotografie e farò scorta della *cucciolosità* dei jindo fino a che non partirò.

Mentre sarò sull'isola, immersa con gioia nella cultura cinofila, porterò con me una collezione di fiabe coreane da leggere. Le fiabe coreane sono un genere di letteratura profondo, unico e originale destinato sia ai bambini che agli adulti. Questi racconti amplificano i temi *Han*, *Heung* e *Jeong* e comprendono sempre molte lezioni sulle difficoltà della vita e su come affrontarle, usando tipicamente degli animali come protagonisti.

Ci sono centinaia di fiabe coreane sugli animali e sulla natura: rocce che vogliono diventare delle balene e nuotare nell'oceano; una campana a vento a forma di uccello che prende vita e vola in giro per il mondo solo per tornare dal suo compagno; il salmone le cui scaglie argentate lo rendono diverso e che osa nuotare controcorrente e contro il suo destino.

È stato durante il mio primo viaggio in Corea che ho letto la mia prima fiaba coreana – *La gallina che sognava di volare* di Sun-mi Hwang. È la storia di Sprout, un'audace piccola gallina che lascia il pollaio alla ricerca della sua libertà – per mettere fine alla tirannia della deposizione delle uova che le vengono sempre sottratte e per diventare madre. Dopo aver incontrato un'anatra di nome Straggler, trovano un uovo e Sprout inizia a covarlo finché non nasce un cucciolo di anatra. Insieme, se ne prendono cura e lo proteggono da una faina. Alla fine, Sprout deve accettare che il cucciolo debba volare via per adempiere al proprio destino. Impara molte cose sul ciclo della vita e si sacrifica alla faina.

Sprout impersona il principio coreano di *Han* – il dolore e la sofferenza – insieme a *Heung* – la gioia che il diventare madre le ha portato. Sprout inoltre capisce di fare parte della vita del cortile – *Jeong* – insieme alla faina e ai suoi cuccioli.

Invece, nella fiaba *Il cane che osava sognare*, sempre di Sun-mi Hwang, un cane di nome Scraggly vive una vita difficile, allevando cuccioli per il suo proprietario. Nel momento in cui la cucciolata è venduta, viene abbandonata. Tuttavia, rimane fedele al suo padrone e lui finalmente riesce ad amarla e apprezzare il suo sacrificio nei suoi ultimi giorni di vita.

Come molte altre fiabe, questa illustra le difficoltà che i coreani hanno dovuto affrontare rimanendo leali gli uni agli altri e cercando di trovare la felicità nei più semplici piaceri della vita.

In Occidente cerchiamo sempre di proteggere i giovani dal dolore e dalla sofferenza. I social media, Internet e la televisione sono come dei rifugi per loro, e sicuramente anche per adulti, dalla vita reale. Ma in Corea c'è una profonda coscienza del fatto che la tristezza e il disagio sono parte della vita esattamente come la felicità, e insegnano ai bambini che accettarli gli permette di forgiare il loro carattere e la loro forza. Quello che amo è che leggendo queste significative storie di animali che affrontano le difficoltà che gli si presentano, possiamo immaginare noi stessi e imparare da queste esperienze.

Questa è la magia delle storie.

La separazione delle acque

Volete assistere a un miracolo biblico? Recatevi sempre sull'Isola di Jindo.

Ogni anno, a causa delle forze gravitazionali, i movimenti di marea generano alte e basse maree nei mesi di aprile e maggio, e due volte al giorno per un'ora il mare si divide. Appare una striscia di sabbia lunga 2,8 chilometri e larga 36 metri, lungo la quale si può camminare come se si stesse attraversando il mare. Vi suona familiare? Non c'è da stupirsi che sia chiamato «il miracolo di Mosè».

Prima che arrivasse la scienza, questo fenomeno naturale a Jindo era spiegato da un racconto popolare. Secondo la leggenda locale, un tempo l'isola era abitata dalle tigri. Quando la gente del posto fuggì nella vicina isola di Modo, una donna di nome Bbyong rimase indietro. Dopo aver pregato il dio dell'oceano Yongwang, le fu detto in sogno che un arcobaleno sarebbe apparso nel mare per permetterle di attraversarlo. Il mattino seguente il mare si separò e la donna tornò dalla sua famiglia.

Oggi circa un milione di persone visita l'Isola di Jindo ogni anno per percorrere la «strada» del mare, scattare foto e scavare alla ricerca di vongole. È un evento così importante che oggi la separazione del mare ha una sua celebrazione: il Jindo Miracle Sea Road Festival, con tanto di cerimonia di apertura, concerti e artisti di strada.

Festival della via del mare miracolosa di Jindo
Indirizzo: Area di Modo-ri, Jindo-gun, Jeollanam-do
Tel.: +82 2-1330
Sito web: www.jindo.go.kr/eng/main.cs

Lezioni dall'Isola di Jindo

- Immergetevi nella natura per trovare ispirazione ed energia. Apprezzate le meraviglie della terra.
- Adottate un cane! Vi darà un amore incondizionato che dovrete solo ricambiare. Vi costringerà a fare esercizio fisico e a stare nella natura ogni giorno.
- Un cane vi costringerà a distrarvi dai vostri problemi durante i momenti che passate con lui. Questo è un regalo.

- Vari studi hanno dimostrato che interagire con gli animali migliora il vostro umore e diminuisce lo stress.
- Rispettate le caratteristiche della razza dei cani che desiderate: non spostatelo mai in un ambiente che non sarebbe naturale per lui.
- I cani sono fonte di gioia pura – *Heung* – ogni giorno. Ricordatevelo specialmente quando abbaiano al postino o quando dovete portarli a fare una passeggiata alle sei del mattino sotto la pioggia.
- I cani vivono nel momento, e sono un ottimo esempio per noi.
- Leggete le fiabe coreane per imparare ad apprezzare la relazione che potete avere con la natura e con il mondo circostante.

Ricetta
PANE ALL'ALCOL D'ORZO

Di *Seong-ok Jang*

Il pane all'alcol d'orzo è un dolce tradizionale coreano che in passato veniva solitamente preparato e venduto dalle distillerie locali, perché il pane era fatto con gli avanzi dell'alcol. In questo senso, questo dessert segue il principio coreano del «nessuno spreco di cibo».

«Visto che sono un pasticcere e che tra poco aprirò la mia propria pasticceria, tendo a scegliere sempre la via più facile per quando cucino per me stesso», dice Seong-ok.

«Per gli spuntini, scelgo sempre delle ricette facilmente reperibili per la friggitrice ad aria. E non cambia molto quando sono con i miei amici coreani che hanno 20 o 30 anni – anche loro preferiscono ricette veloci che possono trovare online, di solito di Baek – lo chef star che ha fatto furore in Corea e che abbraccia pubblicamente la veloce cucina moderna.

«È molto raro, quindi, che un giovane coreano segua una ricetta originale o di famiglia. Anche perché per esempio i dolci famosi in Corea oggi vengono dall'Occidente e per questo anche la pasticceria che sto per aprire venderà principalmente dolci occidentali. Io sono anche uno dei pochi la cui madre piace cucinare, e che sa come cucinare, i dessert tradizionali coreani. È lei che mi ha gentilmente fornito la ricetta del pane all'alcol d'orzo.

«Il pane era tradizionalmente fatto con gli avanzi d'orzo delle distillerie, e la gente si recava nella distilleria locale per prenderlo invece che in panetteria. Le guarnizioni cambiavano a seconda della ricetta locale, quindi si trovano molte varianti – nocciole tostate e semi di sesamo, datteri secchi, pinoli – tutto ciò che ha un gusto nocciola e dolce è un ottimo accompagnamento».

Utensili

Vaporiera
Carta forno
Stampo per muffin

Ingredienti

300 g di farina d'orzo
125 g di vino di riso coreano (*makgeolli*)
150 g di acqua

Condimenti (potete acquistarli in un negozio asiatico o, se non riuscite a trovarli, fate cuocere i fagioli con molto zucchero come fareste con la marmellata, ma senza che i fagioli perdano la loro forma).

Fagioli rossi glassati
Fagiolini glassati
Fagioli azuki glassati

Preparazione

1. Riempite d'acqua un terzo della pentola per la cottura a vapore.
2. Mettete all'interno della vaporiera degli stampi per muffin, e riempite ogni stampo con carta forno. È possibile utilizzare diversi stampi, a seconda delle dimensioni desiderate; ma se si utilizza solo la carta forno per evitare che l'impasto si attacchi, le pagnotte potrebbero comunque gonfiarsi all'interno della vaporiera e attaccarsi l'una all'altra.
3. Unite i 125 grammi di vino di riso coreano e 150 grammi di acqua, quindi versare i 300 grammi di orzo in polvere. Mescolate accuratamente.
4. Mettete l'impasto in ogni stampo rivestito di carta forno, come fareste per un normale muffin, e aggiungeteci i fagioli glassati a piacere. Se non amate i fagioli, potete utilizzare datteri secchi, cachi secchi, semi di sesamo tostati e simili.
5. Chiudete il coperchio della vaporiera e cuocete a fuoco medio per circa 25 minuti.
6. Impiattate il pane e consumate caldo. Si accompagna al tradizionale punch coreano di riso (analcolico).

CONCLUSIONE

La felicità perfetta
완전한 행복
Wanjeonhan hangbok

Cos'è la felicità perfetta? Esiste davvero qualcosa del genere? Come possiamo raggiungerla?

Dopo tutte le mie avventure coreane e tutto ciò che ho imparato sulla mentalità coreana e sul carattere nazionale di questo popolo, penso di poter essere sulla buona strada per risolvere questo mistero.

Nel thriller *Perfect Happiness* di You-Jeong Jeong, bestseller internazionale, la filosofia del protagonista è semplice: decide di togliere dalla sua vita tutto ciò che la rende infelice. Solo che alcuni di questi ostacoli si rivelano essere diversi mariti. Li uccide uno a uno, e poi chiunque altro si metta tra lei e la serenità. Ora, non sto giustificando l'omicidio per la ricerca della felicità! – ci sono maniere pacifiche di raggiungerla.

A parte essere formidabile, il libro mi ha permesso di riflettere sulla differenza tra l'idea di felicità coreana e quella occidentale, che credo essere molto diverse tra di loro. In Occidente, per essere felici, riempiamo le nostre vite con dei beni: gioielli, macchine, case, vestiti, e sembra che tutti desideriamo essere famosi. Siamo consumati dal desiderio di accumulare «ciò che ci rende felici». Ma questi beni materiali ci rendono davvero felici? No. Sono superficiali, hanno un effetto passeggero e soprattutto incoraggiano ognuno di noi a essere sempre in competizione per avere qualcosa che sia migliore di ciò che abbiamo già.

L'idea di liberare la nostra vita da tutte le cianfrusaglie superficiali ha molto senso per me. Ciò che ho imparato dal design tradizionale coreano è che una serena semplicità porta la felicità – che sia negli interni delle nostre case o nella moda. Le donne coreane indossano scarpe basse e vestiti comodi che di sicuro rendono felici i loro piedi e equilibrano i loro corpi.

Un'altra inestimabile lezione per arrivare alla felicità viene dal lavoro di squadra e dal cameratismo che ho visto tra le donne *Haenyeo.* La maniera in cui si supportano e si prendono cura le une delle altre, la loro lealtà e la devozione verso il gruppo è *Jeong* in azione. Questo legame che unisce amici, famiglie e l'intero Paese è una parte vitale del Dna coreano. *Jeong* non è solo la maniera in cui i coreani sono sopravvissuti per secoli, ma anche il modo in cui sono cresciuti per diventare una delle più potenti e influenti nazioni al mondo.

Anche se la Corea del Nord ha le sue armi atomiche a soli sessanta chilometri da Seoul, le strade della capitale sembrano molto più sicure di quelle di qualsiasi altra parte del mondo. Le politiche controverse, la disuguaglianza economica e la violenza armata che si sono infiltrati negli Stati Uniti oggi rendono l'ambiente stressante e infelice. Da qualsiasi parte mi trovi in Corea, non c'è tensione nell'aria, non c'è paura di un attacco imminente. Durante uno dei miei viaggi, stavo camminando insieme alla mia amica Gabriella vicino alla porta Changuimun (una delle otto porte del muro di cinta che circondava la città durate la dinastia Joseon). Siamo rimaste meravigliate dalla tranquillità del quartiere, di quanto fosse pacifico. In Corea si può camminare per strada a qualsiasi ora della notte sentendosi al sicuro. Mi ricordo della prima volta che ho visto nella parte antica della città delle donne coreane che indossavano l'*Hanbok* e che reggevano dei cartelli su cui c'era scritto «Per favore, siate silenziosi per strada». Questo è un altro esempio di *Jeong*. I coreani comprendono che la sicurezza e la considerazione degli altri sono degli sforzi collettivi – noi prima di me.

Ne ho fatto esperienza di persona un giorno che mi trovavo in un quartiere di Seoul che non avevo mai visitato prima, chiamato Hapjeong-dong. È una vecchia zona industriale le cui fabbriche ora sono state convertite in appartamenti, negozi, bar e ristoranti. Era tardo pomeriggio: mi trovato con un'amica in un negozio e stavamo provando dei vestiti. Non avevamo pranzato e improvvisamente ci siamo rese conto di essere affamate. Abbiamo chiesto alla giovane commessa se potesse indicarci un ristorante locale. Lei ha sorriso e, ridacchiando, ci ha condotto a qualche isolato di distanza.

Quando le ho fatto notare che aveva lasciato il negozio con la porta spalancata, lei mi ha assicurato che tutti lasciano le porte aperte. Ancora una volta, mi sono resa conto di quanto la vita a Seoul sia diversa e meno stressante.

Perché i coreani non sono timorosi? Penso che sia perché hanno qualcos'altro che credo sia la chiave per la felicità – ovvero la determinazione. Hanno uno stoicismo profondo che li ha visti attraversare secoli di guerre e distruzione. Possono non essere in grado di cambiare situazioni maggiori in cui si trovano, ma possono scegliere di reagire senza paura, e lo fanno. I coreani attingono alla loro eredità di *Han*, *Heung* e *Jeong* per superare ogni ostacolo.

Ognuno di noi ha i propri dispiaceri, dolori, delusioni, frustrazioni e tragedie: imparare a trasformarli in qualcosa di positivo è profondamente importante.

Ma c'è anche qualcos'altro che credo sia parte della loro felicità, ed è questo: la Corea è misteriosa. C'è del mistero persino quando si riceve un regalo da un amico coreano. Il magnifico pacco, di solito completato da un bellissimo fiocco, sembra esso stesso il regalo. Cosa potrebbe esserci dentro a un pacchetto così prezioso?

Abbiamo tolto ogni sfumatura di mistero dalle nostre vite, mettendoci in mostra ovunque. Ma fare in modo che tutto sia incentrato su se stessi non porta alla felicità, mentre mantenere un senso di mistero sì. Tenere per sé alcune parti del proprio essere è importante per la felicità – e i coreani lo sanno. Possiamo impararlo anche noi.

Ogni volta che penso di aver capito la Corea, realizzo che non è così. E questa è una parte importante del suo fascino.

Una tempo ero estremamente frustrata dalla mancanza di comprensione degli affari occidentali da parte dei miei partner coreani. È una cosa abbastanza comune per i miei colleghi coreani che non parlano inglese fare gruppo agli eventi editoriali internazionali. Mi sono più volte lamentata del fatto che mentre io mi ero adattata a tutti i cambiamenti che la nostra attività presentava, loro non lo avevano fatto.

«Devi capire che siamo come un gambero tra due balene», mi ha risposto uno dei partner.

Ho chiesto una spiegazione.

«La Corea è tra Cina e Giappone», ha continuato. «Siamo stati imprigionati, invasi e rapiti. Siamo stati un Paese molto povero, abbiamo sofferto la fame. Siamo noi il gambero».

Ho scosso la testa esasperata, ma da quel momento ho iniziato a capire come i coreani vedono loro stessi e perché sono ancora molto «introversi» – comprensibilmente, una strategia difensiva. I coreani si vedono in modo molto umile, direi troppo umile, e possono essere restii al cambiamento. Però siamo nel XXI secolo e la Corea non è più un gamberetto, ma una balena vera e propria.

È curioso che mentre l'*Hallyu* ha conquistato il mondo, in qualche modo i coreani non hanno ancora pienamente realizzato di essere una forza globale. Sono rimasta sbalordita visitando il Museo d'Arte Coreana per un'esposizione del famoso pittore Lee Jung-seob, che ha vissuto e lavorato durante gli anni Cinquanta: con mio grande disappunto, le uniche audioguide disponibili erano in coreano.

Quella sera ero invitata a casa di Kyung-sook Shin per una cena di addio. L'ho ringraziata per avermi suggerito di vedere la mostra ma mi sono comunque lamentata del fatto che mancasse del materiale in inglese o in qualsiasi altra lingua.

«Come potete aspettarvi dei turisti in Corea se non potete accoglierli?», ho chiesto.

Kyung-sook ha riso. «Barbara, Barbara... Vedi, il problema è che il museo non ha pensato che qualcun altro oltre ai coreani avrebbe potuto apprezzare la mostra».

Non potevo crederci, ma era una spiegazione anche del fatto che nessuno degli autori coreani che ho scoperto era mai stato pubblicato all'estero.

Non c'è nessun posto perfetto sulla Terra. E certamente la Corea ha i suoi problemi... e i suoi aspetti negativi. Ma complessivamente la loro maniera di essere ricorda una calma buddista: dimostrare amorevole gentilezza a noi stessi e agli altri. Questo è espresso in ogni tradizione e uso coreani: l'onore e il rispetto per gli altri si dimostrano seguendo l'etichetta sociale coreana, che è messa in pratica tutti i giorni da tutti, dai bambini agli anziani.

Ogni pasto in Corea è un'esperienza condivisa. I modi coreani sottolineano l'importanza di mangiare abbastanza ma moderatamente e senza sprecare cibo, e questa è una delle ragioni per cui il Paese ha uno dei tassi di longevità più alti al mondo. L'escursionismo è il passatempo nazionale, bagni caldi e massaggi sono parte della vita di tutti i giorni.

La filosofia *Han* insegna che attraverso il dolore e la sofferenza sorgono la persistenza e il successo.

Dalla filosofia *Heung*, invece, ho imparato ad assaporare ogni camminata mattutina con il mio cane, e a capire che la gioia si trova nella natura e nella cultura, nell'arte, nei film, nei libri e nel teatro, e non nell'ammassare oggetti.

Dalla filosofia *Jeong*, infine, ho imparato che dare agli altri e fare parte di una famiglia, sia essa biologica o di amici, riempie la nostra vita di senso e speranza. Il senso di essere parte di qualcosa di più grande, di un universo naturale, ci permette di vedere le nostre vite da una prospettiva sempre diversa.

Ho studiato yoga e meditazione per anni, ho ascoltato tutti i tipi possibili di filosofie e letto molti libri su come raggiungere la felicità e la pace della mente; ma è stato solo quando sono entrata in contatto con il suolo coreano e fatto esperienza del loro modo di essere che ho davvero compreso. Spero che anche voi vi sentiate ispirati a vivere in questa maniera semplice e naturale per migliorare la vostra esistenza.

Come disse il saggio monaco: «Ora siamo felici».

Barbara

RINGRAZIAMENTI

Grazie a Gabriella Ambrosioni, mia cara amica e agente, che non solo ha trovato l'editore perfetto per il libro in Italia, ma che è anche la compagna di viaggio in Corea con la quale ho vissuto alcuni dei migliori momenti della mia vita; è la mia sorella italiana e ha reso tutte le mie avventure più divertenti e profonde, semplicemente indimenticabili.

Kyung-sook Shin, che ha ispirato i miei viaggi in Corea: la ringrazio anche per essere la mia sorella coreana e compagna di viaggio, di avventure e di tutto ciò che è bello nella vita. Shin spera sempre che quando i lettori terminano uno dei suoi libri, siano più gentili con tutti. La sua compassione e la sua bontà mi hanno molto cambiata e mi ricorda sempre di scegliere il cammino più elevato e di essere soprattutto una persona buona. Dice sempre che ogni libro ha il suo destino e con il suo aiuto e la sua amicizia, e quella di molti altri, il mio libro ha trovato il suo.

Sono particolarmente grata a Sharon Krum per le sue incredibili abilità di lettura di ogni mia bozza – dal primo accenno di idea fino all'editing dell'ultima versione.

Grazie anche a Sue Park, semplicemente la mia taumaturga! Sharon e Sue mi hanno supportata nella verifica del coreano e nella ricerca delle ricette coreane originali – e tutte le altre informazioni sulla Corea. Grazie a tutti coloro che hanno contribuito con le ricette e le loro storie: hanno aggiunto ricchezza e l'autenticità delle loro voci che permetto al libro di cantare.

I miei più profondi ringraziamenti a mia sorella Mary Sue Millman, per il suo innegabile e forte sostengo.

E soprattutto, vorrei ringraziare mio marito Gil, che è fiero di me e mi dice sempre: «Fai ciò che devi». Per me, avere il suo amore, il suo supporto e la sua fiducia significa tutto.